Herta Kaltwasser

Altersversorgung von Frauen als Spiegel ihrer Erwerbstätigkeit

Gestern und heute

Bachelor + Master
Publishing

Kaltwasser, Herta: Altersversorgung von Frauen als Spiegel ihrer Erwerbstätigkeit. Gestern und heute, Hamburg, Diplomica Verlag GmbH 2013
Originaltitel der Abschlussarbeit: Altersversorgung von Frauen als Spiegel ihrer Erwerbstätigkeit · gestern und heute

ISBN: 978-3-95549-049-2
Druck: Bachelor + Master Publishing, ein Imprint der Diplomica® Verlag GmbH, Hamburg, 2013
Zugl. Verwaltungs- und Wirtschafts-Akademie Wiesbaden e.V., Wiesbaden, Deutschland, Diplomarbeit, November 2011

Bibliografische Information der Deutschen Nationalbibliothek:
Die Deutsche Nationalbibliothek verzeichnet diese Publikation in der Deutschen Nationalbibliografie; detaillierte bibliografische Daten sind im Internet über http://dnb.d-nb.de abrufbar.

Die digitale Ausgabe (eBook-Ausgabe) dieses Titels trägt die ISBN 978-3-95549-549-7 und kann über den Handel oder den Verlag bezogen werden.

Inhaltsverzeichnis

Abkürzungsverzeichnis

Abkürzungsverzeichnis

a. a. O. ....am angegebenen Ort

Abs. ....Absatz

AlG-II ....Arbeitslosengeld II-Bezieher

DIW ....Deutsches Institut für Wirtschaftsforschung

et. al. ....et alii (lateinisch für „und andere")

EU ....Europäische Union

GG ....Grundgesetz

GRV ....Gesetzliche Rentenversicherung

Hrsg. ....Herausgeber

Jh. ....Jahrhundert

SOEP ....Sozio-oekonomisches Panel

1 Einleitung

Der Rentenversicherungsbericht 2010, vorgelegt von der Bundesregierung an die gesetzgebenden Körperschaften, weist in seiner Übersicht der Rentenzahlbeträge einen eklatanten Unterschied bzgl. der Rentenzahlbeträge an Männer und Frauen aus: männliche Rentner erhielten im Durchschnitt fast den doppelten Betrag an Rente (1.046,58 Euro) als eine weibliche Rentnerin (556,04 Euro). Wie kommt es zu diesen **Ungleichgewichten?**[1]

Gemäß Art. 3 Abs. 2 und 3 Grundgesetz sind Männer und Frauen **gleichberechtigt.** Keiner darf wegen seines Geschlechtes benachteiligt werden und der Staat hat die Gleichberechtigung zu fördern.

In unserem Land stehen Ehe, Familie und Kinder (eheliche und uneheliche gleichermaßen) unter dem besonderen Schutz der staatlichen Ordnung (Art. 6 GG). Kinderbetreuung ist die oberste Pflicht der Eltern. Lt. Abs. 4 dieses GG-Artikels haben **Mütter** Anspruch auf den Schutz und die Fürsorge der Gemeinschaft. Ist dieser Anspruch einer Mutter tatsächlich in allen Bereichen unserer Gesellschaft und Wirtschaft erfüllt? Geht dieser Anspruch konform mit der Tatsache, dass eine Frau, deren Erwerbsbiografie aufgrund ihrer Familienarbeit Unterbrechungen aufweist, mit gravierenden Einschnitten in ihrer Altersversorgung rechnen muss?

Die Europäische Union sieht in der Gleichstellung von Mann und Frau ein wesentliches Prinzip für **wirtschaftliches Wachstum**, Beschäftigung, Wettbewerbsfähigkeit und sozialen Zusammenhalt. Wird dies von Entscheidungsträgern in Wirtschaft und Politik auch so gesehen, vor allem aber - wird entsprechend gehandelt?[2]

Unter Berücksichtigung der genannten Verfassungs- und Europarechtlichen Prämissen erscheinen die o.g. Unterschiede im Hinblick auf die Rentenhöhen erstaunlich. Es ist das Ziel der nachfolgenden Arbeit, Antworten auf die aufgeworfenen Fragen zu finden, indem untersucht wird, auf welchen Ursachen diese Ungleichheiten beruhen und inwiefern es bereits Ansätze zur Lösung dieser Problematik gibt oder geben könnte.

Um den Leser mit der Thematik Sozialpolitik und deren Notwendigkeit vertraut zu machen, befasst sich Kapitel 2 mit den Grundzügen sozialer Sicherung unter besonderer Berücksichtigung der Altersvorsorge und deren frauenrelevanten Komponenten.

---

1   Vgl. o. V.: Rentenversicherungsbericht 2010, Online im Internet: http://www.bmas.de/SharedDocs/Downloads/DE/rentenversicherungsbericht-2010.pdf?_blob=publicationFile, 10.08.2011, S. 20.

2   Vgl. o. V.: Gleichstellung von Frauen und Männern – 2010, Online im Internet: http://eur-lex.europa.eu/lexUriServ/lexUriServ.do?uri=COM:2009:0694:FIN:DE:PDF, 10.08.2011,S. 3.

Kapitel 3 widmet sich der Gesetzlichen Rentenversicherung (GRV), dem ältesten und wichtigsten Stützpfeiler des deutschen Alterssicherungssystems. Dargestellt wird die Entstehungsgeschichte und das geltende Rentenrecht.

Gegenwärtige Strukturen und Leitbilder können besser eingeordnet und verstanden werden, wenn man sie eingebettet in einem geschichtlichen Prozess reflektiert. Heutige Einstellungen und Werte sind durch die Vergangenheit geprägt. Die gegenwärtige Situation kann nicht isoliert, sondern nur in Verbindung mit den historisch kulturellen und institutionellen Rahmenbedingungen betrachtet und verstanden werden. Konsequenterweise verschafft Kapitel 4 dieser Arbeit einen Überblick über Frauenerwerbstätigkeit und Altersversorgung der vergangenen Jahrhunderte.[3]

Das Alterssicherungssystem in Deutschland ist eng an Erträge aus einer Erwerbstätigkeit geknüpft, insofern ist es unausweichlich zur Erörterung von Altersvorsorgesituationen, Strukturen und Gegebenheiten im Erwerbsleben und Erwerbsbiografien zu analysieren. Was die weibliche Situation im Rentenalter angeht, so spielen Themen wie Ehe und Kindererziehung für die meisten Frauen eine bedeutende Rolle und dürfen nicht ignoriert werden. Weibliche Erwerbsbiografien und Einkommen unterscheiden sich maßgeblich von denen männlicher. Auch diese Aspekte werden in Kapitel 4 dargestellt.[4]

Kapitel 5 schließlich befasst sich mit den Konsequenzen des weiblichen Erwerbslebens für die Alterssicherung. In Kapitel 6 werden Modelle und Forderungen mit sozial-, arbeitsmarktpolitischem und gesellschaftlichem Charakter vorgestellt, die dazu führen könnten, Einkommen von Frauen während der Erwerbsphase und später im Alter für eine eigenständige Existenzsicherung zu erhöhen ohne die Wahlfreiheit von persönlichen Lebensentwürfen einzuengen. Kapitel 6.4 schlägt zusätzlich zu den einschlägigen Forderungen eine eigene Modell-Idee vor.

Ausblick und Fazit in Kapitel 7 wagen Prognose und Einschätzung künftiger Entwicklungen – vor allem im Hinblick auf die demografischen Wandel und den damit verbundenen Veränderungen auf dem Arbeitsmarkt.

Die Arbeit wird sich vorwiegend mit dem System der Gesetzlichen Rentenversicherung beschäftigen. Die betriebliche und private Altersvorsorge werden nur tangiert, nicht jedoch ausführlich analysiert. Obgleich auch die Leistungen der Pflegeversicherung insbesondere älteren Menschen zugute kommen, wird dies Thematik nicht

---

3 Vgl. Riedmüller, Barbara: Frauen- und familienpolitische Leitbilder im deutschen Alterssicherungssystem, in: Alterssicherung von Frauen, Hrsg.: Schmähl, Winfried; Michaelis, Klaus, Wiesbaden: Westdeutscher Verlag 2000, S. 36.

4 Vgl. Allmendinger, Jutta: Wandel von Erwerbs- und Lebensverläufen und die Ungleichheit zwischen den Geschlechtern im Alterseinkommen, in: Alterssicherung von Frauen, Hrsg.: Schmähl, Winfried; Michaelis, Klaus, Wiesbaden: Westdeutscher Verlag 2000, S. 78 f.

berücksichtigt werden. Frauen haben sicherlich aufgrund ihrer höheren Lebenserwartung ein entsprechendes Pflegebedürftigkeitsrisiko. Andererseits sind es gerade Frauen, die vorwiegend die unentgeltliche Pflege von Familienangehörigen durchführen und aufgrund dessen Einkommensverluste hinnehmen müssen.[5]

2 Soziale Sicherung

2.1 Allgemeine Grundlagen sozialer Sicherung

2.1.1 Gründe für soziale Sicherungssysteme

Nach Art. 20 GG, Abs. 1 ist die Bundesrepublik Deutschland ein demokratischer und sozialer Bundesstaat, demzufolge basiert die Wirtschafts- und Gesellschaftsordnung auf den Prinzipien der Sozialen Marktwirtschaft. Dies impliziert, dass Unwägbarkeiten des Lebens (z.B. Arbeitslosigkeit, Krankheit, Invalidität), aber auch positive Ereignisse (z.B. Mutterschaft und Kinderbetreuung), die ggf. die materielle Grundlage gefährden, mit Hilfe staatlicher Leistungen abgefangen werden sollen, so dass etwaige finanzielle Belastungen vom Einzelnen nicht alleine zu tragen sind. Insofern ist es Aufgabe des Staates, die Existenzsicherung aller Bevölkerungskreise zu gewährleisten.[6]

Zu den Leitbildern der Sozialpolitik der Bundesrepublik Deutschland gehören:

- Anreize setzen zur Eigenverantwortung
- Generationen- und Geschlechtergerechtigkeit
- Förderung des sozialen Zusammenhalts
- europäische und internationale Kongruenz.[7]

Die Notwendigkeit sozialer Sicherungssysteme ergibt sich in arbeitsteilig organisierten Volkswirtschaften aus der massiven Existenzbedrohung des Einzelnen, sobald er seiner Arbeitskraft vorübergehend oder dauerhaft verlustig wird. Im Gegensatz zur Großfamilie vergangener Generationen kann die heutige Kleinfamilie Risiken nicht mehr abfangen. Herkömmliche kirchliche und sonstige Wohlfahrtsverbände sind aufgrund der großen Zahl Bedürftiger nicht in der Lage ausreichenden Schutz zu bieten. Viele Menschen, vor allem jene mit geringem Einkommen, verfügen nicht über

5 Vgl. o. V.: Neue Wege – Gleiche Chancen; Gleichstellung von Frauen und Männern im Lebensverlauf, Online im Internet: http://www.fraunhofer.de/content/dam/zv/de/documents/Sachverstaendigengutachten_1.Gleichstellu ngsbericht_Bundesregierung_tcm7-78851.pdf, 10.08.2010, S. 195.

6 Vgl. Baßeler, Ulrich; Heinrich, Jürgen; Utecht, Burkhard: Grundlagen und Probleme der Volkswirtschaft, 18., überarb. Aufl., Stuttgart: Schäffer-Poeschel Verlag 2006, S. 438.

7 Vgl. Baßeler, Ulrich; Heinrich, Jürgen; Utecht, Burkhard: Grundlagen und Probleme der Volkswirtschaft, a. a. O., S. 441.

ausreichend finanzielle Mittel, sich privatrechtlich abzusichern, sei es durch Ansparen größerer Geldwerte oder mit Hilfe einschlägiger Versicherungen. Zudem versagt das private Versicherungswesen bei konjunkturbedingter Massenarbeitslosigkeit oder im Falle von Kriegsfolgen. Versicherungsmärkte sind zudem aufgrund ihrer In-Transparenz unvollkommen hinsichtlich Umfang und Qualität. Im Rahmen eines Sozialvertrages und auf staatlichen Regelungen beruhende Kollektive jedoch verfügen aufgrund der großen Zahl ihrer Versicherten und der damit einhergehenden breiten Verteilung von Mitteln und Risiken über die besseren Kapazitäten zur Risikovorsorge. Zudem ersparen sie dem Einzelnen erhebliche Transaktionskosten, die für langwierige und zeitintensive Informationssuche aufgewendet werden müssten.[8, 9]

Soziale Sicherungssysteme helfen nicht nur den unmittelbar Betroffenen, sondern tragen auch erheblich zum sozialen Frieden einer Gemeinschaft bei. Es verschafft einer Volkswirtschaft Vorteile, wenn sie die Erwerbsfähigkeit all ihrer Mitglieder fördert und sichert, da leistungsfähiges Humankapital zu Erfolg und Wachstum führt.[10, 11]

Eine grundlegende Gefahr, die von sozialer Sicherung ausgeht, sind die falschen Anreize, die entstehen, wenn finanzielle Mittel ohne Gegenleistung über einen längeren Zeitraum bewilligt werden. Dem Leistungsempfänger kann die Motivation verloren gehen, eigenverantwortlich zu handeln und gerät er ggf. in eine (un-)gewollte Abhängigkeit staatlicher Fürsorge. Daher unterstehen soziale Systeme auch dem Subsidiaritätsprinzip, nach dem staatliche Hilfe immer erst dann einsetzt, wenn die bedürftige Person sich nicht selbst und auch die nächst höheren Ebenen, z.B. Angehörige, nicht helfen können. Es sollte prinzipiell Hilfe zur Selbsthilfe angeboten werden, um Leistungsanreize nicht zu beeinträchtigen.[12, 13]

2.1.2 Arten von Vorsorgemaßnahmen

Maßnahmen zur Vorsorge – allgemein und insbesondere zur Altersvorsorge - können entweder in Eigeninitiative, d.h. nach dem Individualprinzip, oder durch kollektive Vorsorge, also dem Sozialprinzip getroffen werden.

---

8   Vgl. Lampert, Heinz; Althammer, Jörg: Lehrbuch der Sozialpolitik, 8. überarb. u. vollst. akt. Aufl., Berlin et. al: Springer 2007, S. 276.

9   Vgl. Mankiw, N. Gregory; Taylor, Mark P.: Grundzüge der Volkswirtschaftslehre, 4., überarb. u. erw. Aufl., Stuttgart: Schäffer-Poeschel Verlag 2008, S. 239 f.

10 Vgl. Dobner, Petra: Neue Soziale Frage und Sozialpolitik, Wiesbaden: VS Verlag für Sozialwissenschaften 2007, S. 40.

11 Vgl. Baßeler, Ulrich; Heinrich, Jürgen; Utecht, Burkhard: Grundlagen und Probleme der Volkswirtschaft, a. a. O., S. 438.

12 Vgl. Mankiw, N. Gregory; Taylor, Mark P.: Grundzüge der Volkswirtschaftlehre, a. a. O., S. 495.

13 Vgl. Bartling, Hartwig; Luzius, Franz: Grundzüge der Volkswirtschaftlehre, 16., verb. u. erg. Aufl., München: Franz Vahlen Verlag 2008, S. 204.

Das Individualprinzip herrscht in Gesellschaften oder in Situationen vor, in denen der Einzelne für sich alleine verantwortlich ist und durch eigene Leistung seine Lebensbedingungen prägt. Die Vorsorge kann in diesen Fällen entweder durch Ansparen finanzieller Mittel (Sparprinzip) oder in Form von individual-vertraglichen Versicherungen nach dem Äquivalenzprinzip erreicht werden. Das Äquivalenzprinzip drückt das Verhältnis des Eintritts eines individuellen Versicherungsfalles zum Gesamtrisiko aller Versicherten aus. (äquivalent = gleichwertig). Auf dieser Grundlage errechnet sich der entsprechende Versicherungsbeitrag: Je höher die Wahrscheinlichkeit des Eintritts des Versicherungsfalles, desto höher die zu zahlende Prämie. Die Eintritts-Wahrscheinlichkeit bestimmt demnach die Kosten für den jeweiligen Versicherungsnehmer. Bezogen auf eine private Altersvorsorge muss eine ältere Person einen wesentlich höheren Beitrag einzahlen als ein junger Mensch.[14]

Unabdingbar zur Durchführung des Sparprinzips ist ein entsprechend hohes Einkommen, das zulässt, finanzielle Mittel vom Haushaltsbudget des Einzelnen abzuzweigen. Auf dem Finanzsektor müssen sichere und lukrative Anlageoptionen zur Verfügung stehen, damit sich Kapital für das Alter (oder für Krisensituationen) in ausreichender Höhe kumulieren kann. Oftmals fehlt einem jungen Menschen der Weitblick für Krisen oder spätere Bedürfnisse, so dass z. B. die Notwendigkeit einer Altersvorsorge nicht erkannt oder verdrängt wird. Hinzu kommt die völlige Ungewissheit bzgl. der Lebenserwartung und die damit verbundene voraussichtliche Dauer bzw. Höhe etwaiger Altersbezüge. Unsicher sind auf jeden Fall konjunkturelle Einbrüche, Zeiten der Arbeitslosigkeit, Kriege, Krisen im Finanzsektor und damit einhergehende Renditeverluste. Diese Ungewissheiten lassen sich auch mit intelligenten mathematischen Modellrechnungen noch nicht vollständig lösen. All diese Aspekte führen letztendlich zur Einsicht, dass individuelle Vorsorge nicht ausreichend ist und zwingend durch kollektive Maßnahmen ergänzt werden muss.[15]

Mit Hilfe der kollektiven Vorsorge können nicht nur Risiken abgesichert werden, die vom privaten Versicherungsmarkt nicht oder nicht ausreichend abgedeckt werden, sondern es werden auch diejenigen Bürger versorgt, die nicht in der Lage oder nicht bereit zur Eigenvorsorge sind. Der Staat fungiert hier als Institution der Distribution und Allokation. Kollektive Maßnahmen können nach dem Versicherungs-, dem Versorgungs- oder dem Fürsorgeprinzip funktionieren.[16]

---

14 Vgl. Baßeler, Ulrich; Heinrich, Jürgen; Utecht, Burkhard: Grundlagen und Probleme der Volkswirtschaft, a. a. O., S. 438.

15 Vgl. Baßeler, Ulrich; Heinrich, Jürgen; Utecht, Burkhard: Grundlagen und Probleme der Volkswirtschaft, a. a. O., S. 438.

16 Vgl. Baßeler, Ulrich; Heinrich, Jürgen; Utecht, Burkhard: Grundlagen und Probleme der Volkswirtschaft, a. a. O., S. 439 f.

Menschen, die Notlagen aus eigener Kraft nicht bewältigen können, erhalten steuerfinanzierte Transferzahlungen des Staates. Diese unter das **Fürsorgeprinzip** fallenden Leistungen stellen einen Rechtsanspruch des Bedürftigen gegenüber dem Staat dar und die erhaltenen Sach- oder Geldleistungen sind nicht rückzahlungspflichtig. Allerdings gilt das Subsidiaritätsprinzip, d.h. staatliche Hilfe setzt nur dann ein, wenn der Einzelne nachweislich nicht in der Lage ist, sich selbst zu helfen Ein Beispiel hierfür ist das Arbeitslosengeld II. Es besteht zwar ein Rechtsanspruch „dem Grunde nach", jedoch kein Anspruch auf eine bestimmte Art von Hilfe. Die Entscheidung, welche Hilfe in welcher Höhe gewährt wird, obliegt der zuständigen Behörde. Dieses Prinzip ist für entwickelte Gesellschaften nicht unumstritten, insbesondere wegen der Bedürftigkeitsprüfung, aber auch weil die Leistungen unbestimmt sind, den Charakter von Fremdhilfe haben und nicht zur Eigenhilfe anregen.[17, 18]

Das **Versorgungsprinzip** basiert ebenfalls auf staatlichen, aus Steuern finanzierten Leistungen. Die Ansprüche beruhen hier allerdings auf für den Staat erbrachten Tätigkeiten (z.B. Dienstleistungen als Beamte oder Wehrdienst). Die im Zuge des Versorgungsprinzips gewährten Mittel stehen - anders als Fürsorgeleistungen - auch denjenigen zu, die für sich selbst sorgen können (z.B. die Gruppe der Kriegsopfer). In Skandinavien beruht die Altersversorgung als eine für alle Bürger garantierte einheitliche Grundversorgung auf dem Versorgungsprinzip.[19, 20]

In Deutschland werden Sozialleistungen sowohl von den **öffentlichen Gebietskörperschaften** (Bund, Länder, Gemeinden) als auch von den **Sozialversicherungen** erbracht. Die öffentlichen Gebietskörperschaften verantworten ca. 40% der Ausgaben und die verschiedenen Zweige der Sozialversicherung zusammen etwa 60%. Hierzu zählen die Gesetzliche Arbeitslosenversicherung, die Gesetzliche Unfallversicherung, die Gesetzliche Pflegeversicherung, die Gesetzliche Krankenversicherung und die Gesetzliche Rentenversicherung (GRV).[21]

Der größte Teil der sozialen Sicherung (60 %) basiert demnach auf dem **Sozial-Versicherungsprinzip**, d.h. staatlichen Zwangs-Versicherungen. Man spricht deshalb von „Zwangsversicherungen", weil einerseits für bestimmte Bevölkerungsgruppen die Pflicht zur Versicherung besteht und andererseits die Träger der Versicherungen einem Kontrahierungszwang unterstehen, der ihnen gebietet, niemanden auszugrenzen, der per

---

17 Vgl. Baßeler, Ulrich; Heinrich, Jürgen; Utecht, Burkhard: Grundlagen und Probleme der Volkswirtschaft, a. a. O., S. 440.

18 Vgl. Lampert, Heinz; Althammer, Jörg: Lehrbuch der Sozialpolitik, a. a. O., S. 280.

19 Vgl. Lampert, Heinz; Althammer, Jörg: Lehrbuch der Sozialpolitik, a. a. O., S. 279.

20 Vgl. Baßeler, Ulrich; Heinrich, Jürgen; Utecht, Burkhard: Grundlagen und Probleme der Volkswirtschaft, a. a. O., S. 440.

21 Vgl. Baßeler, Ulrich; Heinrich, Jürgen; Utecht, Burkhard: Grundlagen und Probleme der Volkswirtschaft, a. a. O., S. 438.

Gesetz zu den zu versicherten Personen gehört. Finanzierungsgrundlage sind die Einnahmen aus den Beiträgen der Versicherten, deren Arbeitgebern sowie Zuschüsse des Bundes. Das den privaten Versicherungen innewohnende Äquivalenzprinzip, findet insbesondere auch bei der GRV Anwendung, als die Höhe der später ausgezahlten Rente nach der vom Brutto-Verdienst abhängigen Beitragshöhe bemessen wird. Es werden jedoch nach dem Solidaritätsprinzips auch Beitrags-unabhängige Leistungen ausbezahlt.[22, 23]

2.1.3 Finanzierung sozialer Sicherung

Grundsätzliche Probleme des deutschen Sozialsystems sind die hohen Ausgaben bzw. deren Finanzierung. Innerhalb von rund 40 Jahren (1960 – 2003) kam es zu Ausgaben-Steigerungen um das 20fache. Das Sozialbudget ist in Deutschland seit 1960 kontinuierlich gewachsen, so dass die Sozialquote - also das Verhältnis der Sozialleistungen zum Bruttoinlandsprodukt - 1960 noch bei 21 % lag, 2008 bereits 29,0 % und 2010 30,4 % betrug. Die Finanzierung von Sozialleistungen erfolgt über Beiträge der Erwerbstätigen und deren Arbeitgeber zu den Sozialversicherungen (Renten-, Kranken-, Pflege- und Arbeitslosenversicherung) sowie durch Zuschüsse des Bundes. In den vergangenen Jahren hat sich der relative Anteil der Sozialbeiträge an der Finanzierung der Gesamtausgaben allmählich verringert, d. h. der Anteil der öffentlichen Mittel ist gestiegen von 31,4 % im Jahr 1991 auf 36, 4 % im Jahr 2010 (geschätzter Datenstand im Mai 2011). Insbesondere die GRV (aber auch die Arbeitslosenversicherung) bedürfen zur Deckung ihrer Ausgaben vermehrt Bundeszuschüssen. Insgesamt werden die Ausgaben der Sozialversicherungen nur noch zu 80 % durch Beiträge der Versicherten finanziert. Den größten Anteil an den Gesamtausgaben des Sozialbudgets hat die Rentenversicherung. Nach den Angaben des Bundesministeriums für Arbeit und Soziales betrug 2010 der Anteil der Rentenversicherung am Sozialbudget 31.9 % - es wurden 292,7 Mrd. Euro für Alters- und Hinterbliebenenrenten ausbezahlt.[24, 25]

In öffentlichen Diskussionen wird daher vor allem die Art und Weise der Finanzierung von Sozialversicherungen, insbesondere die der GRV, thematisiert. Infrage gestellt wird

---

22   Vgl. Lampert, Heinz; Althammer, Jörg: Lehrbuch der Sozialpolitik, a. a. O., S. 280.

23   Vgl. Baßeler, Ulrich; Heinrich, Jürgen; Utecht, Burkhard: Grundlagen und Probleme der Volkswirtschaft, a. a. O., S. 440.

24   Vgl. Baßeler, Ulrich; Heinrich, Jürgen; Utecht, Burkhard: Grundlagen und Probleme der Volkswirtschaft, a. a. O., S. 445, 449, 459.

25   Vgl. o.V.: Sozialbudget 2010, Online im Internet:
      http://www.bmas.de/SharedDocs/Downloads/DE/PDF-Publikationen/a230-10-sozialbudget-
      2010.pdf;jsessionid=7BE86B4E7101F33CE48FF050E5374D92?__blob=publicationFile
      10.08.2011, S. 5 und 29.

z. B. die Eingrenzung der Gruppe der Beitragszahler: Warum nur abhängig Beschäftigte und nicht alle Erwerbstätigen (also auch Beamte und Selbständige)? Es wird aber auch darüber nachgedacht, ob die Verwertung der Beiträge die richtige ist, denn altersabhängige Risiken können sowohl durch Kapitaldeckungs- als auch durch Umlageverfahren abgedeckt werden. Bis 1957 war die GRV in Deutschland kapitalgedeckt und wurde dann auf eine Umlagenfinanzierung abgestellt. In Anbetracht der Probleme, die aufgrund der Altersstrukturänderungen auf die Bevölkerung zukommen, wird u.a. auch gefordert, das kapitalgedeckte Verfahren wieder einzuführen. Daher eine kurze Gegenüberstellung der beiden Finanzierungsarten:[26]

Kapitaldeckungsverfahren beruhen auf Ansparen und Akkumulieren der Versichertenbeiträge in der Erwartung, der Kapitalstock möge zusammen mit rentierlichen Zinserträgen (hoffentlich) ausreichen, um die Leistungsansprüche der Rentenbezieher abdecken zu können. Die Herausforderung hierbei besteht darin, einen hinreichend hohen Kapitalstock gewinnbringend anzulegen und ihn gegen Risiken auf Finanzmärkten abzusichern. Es entstehen Abhängigkeiten vom Marktzins, den Bedingungen auf dem Kapitalmarkt und unzureichender Transparenz auf der Angebotsseite. Ungewissheiten im Hinblick auf Inflations- und Ertragsentwicklungen kommen hinzu. Inwieweit sich zukünftige demografische Gegebenheiten langfristig ungünstig auf die Finanz- und Kapitalmärkte auswirken werden, ist ebenfalls weitgehend offen. Das Kapitaldeckungsverfahren wird seit der Rentenreform von 1957 in der GRV nicht mehr angewandt. Es beruhen jedoch betriebliche und private Altersvorsorgeprodukte auf dieser Finanzierungsform. Bedenken sollte man bei dieser Art der Finanzierung die steigende Lebenserwartung und die damit verbundene längere Bezugsdauer der Rentenbezüge. Was passiert, wenn der Leistungsempfänger nicht lange genug und nicht in ausreichender Höhe Beiträge angespart hat und/oder, wenn er wider Erwarten viel länger lebt?[27]

Das **Umlageverfahren** umgeht diese Problematik insofern alle Einnahmen aus Versichertenbeiträgen der heutigen Arbeitnehmer sofort wieder an die Leistungsempfänger ausgezahlt werden. Es werden so gut wie keine Gelder angespart, weil man annimmt, dass die Einnahmen immer die Ausgaben decken werden. Dieses Verfahren untersteht aber der direkten Abhängigkeit demografischer und konjunktureller Bedingungen einer Volkswirtschaft. Problematisch wird diese Form der sozialen Sicherung, wenn die Ausgaben – aufgrund einer steigenden Anzahl von Leistungsberechtigten – stark anwachsen und einer verhältnismäßig kleinen Zahl von

---

26 Vgl. Gründinger, Wolfgang: Wir haben ein Luxusproblem – Demografischer Wandel, eine Podiumsdiskussion aus der Reihe „Literatur und Wirtschaft" der Unternehmensberatung Roland Berger, in: WirtschaftsWoche Nr. 41, 10.10.2011, S. 140.
27 Vgl. Lampert, Heinz; Althammer, Jörg: Lehrbuch der Sozialpolitik, a. a. O., S. 285 f.

Leistungserbringern aufgebürdet wird. Nach einschlägigen Berechnungen sind die deutschen Sozialkassen schon heute ungedeckte (weil nicht angesparte) Verpflichtungen in Höhe von 5 Billionen Euro eingegangen (sog. implizite Staatsschulden). Diese Leistungsversprechen der Kranken-, Pflege, und Rentenversicherung drohen zukünftige Generationen zu überfordern, weil der Zahl der Empfänger schlicht eine zu geringe Zahl von Beitragszahlern gegenübersteht. Es entsteht eine sog. Nachhaltigkeitslücke, die zu schließen ein noch ungelöstes Problem darstellt.[28, 29]

Abgesehen von dieser außerordentlichen Form der Belastung für künftige Generationen kann die Kopplung der Sozialbeiträge an Löhne und Gehälter grundsätzlich auf Seiten der Arbeitnehmer aufgrund der hohen Abgaben zu Frustration und damit zu verminderter Leistungsbereitschaft führen. Dieser Effekt könnte sich künftig bedingt durch steigende Beitragssätze wegen des ungleichen Verhältnisses Beitragszahler/Leistungsempfänger sogar noch verstärken. Was die Arbeitgeber betrifft, so könnten zuweilen die hohen Lohnnebenkosten die mangelnde Bereitschaft begründen, im Inland Arbeitsplätze zu schaffen. Eine Folge davon sind dann wiederum weniger sozialversicherungspflichtig Beschäftigte, was zu einem Anstieg der Leistungsempfänger und dann ebenfalls konsequenterweise zu höheren Sozialversicherungsbeiträgen führen könnte. Um dieses Dilemma zu umgehen, wird empfohlen, alle Erwerbseinkommen in die Versicherungspflicht einzubeziehen und versicherungsfremde Leistungen grundsätzlich über Steuergelder zu finanzieren. Man erhofft sich damit auf ein erträgliches Maß begrenzte Sozialversicherungsbeiträge, die den Faktor Arbeit so wenig als möglich belasten.[30, 31]

2.2 Altersversorgung als wesentlicher Baustein sozialer Sicherung

Das Alter bringt es mit sich, dass der Mensch allmählich körperliche und geistige Vitalität einbüßt und nur noch bedingt für seinen Lebensunterhalt sorgen kann. Hinzu kommen ggf. Invalidität, chronische Erkrankungen, Demenz u.v.a.m. Infolgedessen ist Alterssicherung einer der wichtigsten Aspekte sozialer Sicherung. Lt. einer Umfrage der Arbeiterwohlfahrt hat jeder dritte bzw. bei den 18 – 29jährigen sogar jeder zweite

---

28 Vgl. Lampert, Heinz, Althammer, Jörg: Lehrbuch der Sozialpolitik, a. a. O., S. 284.
29 Vgl. Heilmann, Dirk; Schrinner, Axel: Staatsverschuldung - Die unbequeme Wahrheit, Sonderbeilage Handelsblatt, Nr. 185, 23./24.09.2011, o.S.
30 Vgl. Baßeler, Ulrich; Heinrich, Jürgen; Utecht, Burkhard: Grundlagen und Probleme der Volkswirtschaft, a. a. O., S. 459.
31 Vgl. o.V.: Die Zukunft der Arbeit denken, Online im Internet: http://ftp.iza.org/compacts/iza_compact_de_12.pdf, 10.08.2011, S. 17.

Deutsche Angst vor Altersarmut, ein Zeichen für die Brisanz der Thematik und die noch ungelösten Aufgaben auf diesem Gebiet der sozialen Sicherung.[32]

Per Definition umfasst Altersvorsorge alle Maßnahmen, die eine Person im Laufe ihres Lebens trifft, um ihren Lebensunterhalt im Alter (möglichst auf gleichbleibendem Niveau) sicher zu stellen. Die gegenwärtig in Deutschland von staatlicher Seite als optimale Alterssicherung propagierte Strategie stützt sich auf drei Säulen:

Säule 1 ist die Umlagen-finanzierte gesetzliche Vorsorge in Form von Beiträgen aller unselbstständig Beschäftigten und deren Arbeitgeber zur Gesetzlichen Rentenversicherung. Die GRV ist so konzipiert, dass die Beitragszahlung nicht nur dem Grunde nach, sondern auch entsprechend der Beitragshöhe einen Leistungsanspruch begründet.

Säule 2 ist die betriebliche Altersvorsorge. Diese wird entweder gemeinsam von Arbeitnehmer und Arbeitgeber oder von letzterem allein getragen und wird in ein vom Arbeitgeber verwaltetes Sparprodukt eingezahlt. Ein Arbeitsplatzwechsel kann unter Umständen zum Verlust des Kapitalstocks für den Arbeitnehmer führen.

Säule 3 ist die von der Politik immer stärker propagierte private Vorsorge. Sie setzt eigenverantwortliches Ansparen von Kapital voraus (s. Individualprinzip), beispielsweise in Form von Aktienfonds/Sparplänen, staatlich geförderter Riester-Rente, staatlich geförderter Rürup-Rente, Lebensversicherungen oder als Erwerb von Immobilienbesitz.

Ende der 90er Jahre des 20. Jahrhunderts wurden 80 % der Alterssicherungsausgaben über die umlagenfinanzierte GRV, 10% über betriebliche Alterssicherung und 10 % durch private Altersvorsorge erbracht. Die GRV ist nach wie vor die wichtigste Art der Altersvorsorge in Deutschland.[33, 34, 35, 36]

Das Thema Alterssicherung wird in naher und ferner Zukunft vermehrt an Bedeutung gewinnen. Nach den im Statistischen Jahrbuch 2011 veröffentlichten Zahlen gehört Deutschland weltweit zu den Ländern mit der ältesten Bevölkerung - gleichauf mit Italien und direkt hinter Japan, das den 1. Platz dieser Rangliste belegt. 1950 waren nur 10 % der deutschen Bevölkerung älter als 65 Jahre, 2010 waren es bereits ca. 20 %. Demgegenüber hat sich die Geburtenrate deutlich verringert: Während in Indien auf

---

32   Vgl. o.V.: Angst vor Altersarmut, Süddeutsche Zeitung, Nr. 229, 05.10.2011, S. 6.

33   Vgl. o. V.: Deutsche Rentenversicherung Bund (Hrsg.): Das Renten-ABC, Nr. 108, 3. Aufl. Berlin: 3/2010, S. 7.

34   Vgl. Schmähl, Winfried: Soziale Sicherung: Ökonomische Analysen, Wiesbaden: VS Verlag für Sozialwissenschaften 2009, S. 218.

35   Vgl. o. V.: Deutsche Rentenversicherung Bund (Hrsg.): Die Renteninformation – mehr wissen, Nr. 104, 7. Aufl., Berlin: 2/2011, S. 15.

36   Vgl. Schmähl, Winfried: Soziale Sicherung: Ökonomische Analysen, a. a. O., S. 227.

1.000 Einwohner 23 Neugeborene kommen und in Frankreich immerhin noch 13, sind es in Deutschland nur noch 8. Die Lebenserwartung dieser derzeit geborenen Menschen hat sich beträchtlich erhöht und ist ca. 14 Jahre höher als derjenigen Menschen, die 1950 zur Welt kamen. Diese Zahlen offenbaren nicht nur die Relevanz funktionierender Altersicherungssysteme, vielmehr auch die Dringlichkeit von Maßnahmen, die es Familien und vor allem Frauen ermöglichen, Kinder (künftige Beitragszahler für die Rentenkassen) aufzuziehen. Die nach dem Prinzip der Umlagenfinanzierung funktionierende GRV beruht auf einem Generationenvertrag, d.h. einer gesellschaftlichen Vereinbarung, nach der die jeweils beitragszahlenden Erwerbstätigen den in Rente befindlichen Personen durch ihre Produktivität das Alter finanzieren in der berechtigten Erwartung, dass nachfolgende Generationen qualifizierter Arbeitskräfte dies ebenso für sie tun werden. Neben den im Erwerbsleben stehenden und durch ihre Produktivität die Beiträge erwirtschaftenden Personen, haben folglich diejenigen erheblichen Anteil an der Alterssicherung, die eine neue Generation von Arbeitskräften aufziehen - dies sind derzeit zumeist Frauen.[37, 38]

Die Zahlungsversprechen der Rentenkassen (sog. implizite Schulden) belasten künftige Generationen. Folglich muss eine Gesellschaft, die ihre älteren Mitglieder versorgen möchte, in Kindererziehung investieren oder sie muss Geld sicher und gewinnträchtig auf einem stabilen und ergiebigen Kapitalmarkt anlegen: „Eine Gesellschaft, die im Alter gut leben will, muss entweder Kinder haben oder sparen. Wenn sie beides nicht tut, muss sie hungern." [39]

Auch die für die betriebliche Altersvorsorge auf dem Kapitalmarkt angelegten Gelder und die der privaten Kapitalanleger können nur dann eine vernünftige Rendite erwirtschaften, wenn es eine mengenmäßig und/oder äußerst produktive Generation von Erwerbstätigen gibt, die für ausreichend hohes Wirtschaftswachstum sorgt. Geldanlagen jedweder Art können immer nur dann rentierliche Erträge abwerfen, wenn das Kapital in Kombination mit menschlicher Arbeitskraft Gewinne erwirtschaftet – Wert schöpft bzw. Werte schafft.[40, 41]

Aus der Perspektive des Individuums sind bei einer weitgehend lohnabhängigen Alterssicherung Ertrag und Dauer einer Erwerbstätigkeit Voraussetzung für ein

37 Vgl. Öchsner, Thomas: Schöner wohnen, länger leben – Statistiker ermitteln, wie sich das Leben der Deutschen in den vergangenen 60 Jahren ziemlich verändert hat, in: Süddeutsche Zeitung Nr. 230, 06.10.2011, S. 19.

38 Vgl. Baßeler, Ulrich; Heinrich, Jürgen; Utecht, Burkhard: Grundlagen und Probleme der Volkswirtschaft, a. a. O., S. 450 und 462f.

39 Sinn, Hans-Werner im Gespräch mit Heilmann, Dirk: „Es kommen große Lasten auf Deutschland zu", in: Handelsblatt Nr. 185, 23./24.09.2011, S. 34.

40 Vgl. Schmähl, Winfried: Soziale Sicherung: Ökonomische Analysen, a. a. O., S. 406 f.

41 Vgl. Lampert, Heinz; Althammer, Jörg: Lehrbuch der Sozialpolitik, a. a. O., S. 286.

gesichertes Leben im Alter. Aus gesamtgesellschaftlicher und volkswirtschaftlicher Sicht betrachtet, funktioniert Altersicherung jedoch nur, wenn ausscheidendes Arbeitskräftepotential kontinuierlich durch nachfolgendes ersetzt wird.[42]

Aus volkswirtschaftlicher Sicht sind es somit vor allem Frauen bzw. Mütter, die dafür Sorge tragen, dass unsere Wirtschaft und unser Alterssicherungssystem auch künftig funktionieren kann. Einschlägige Studien und Untersuchungen belegen, dass Frauen ihre Erwerbstätigkeit mit Eintritt der Mutterschaft erheblich reduzieren, auf diese Weise der Gesellschaft einen wichtigen Dienst erweisen, sich selbst damit aber schaden, wie die Rentenauszahlungen an Frauen mit familienbedingten Erwerbsunterbrechungen belegen. An den niedrigeren Altersbezügen der Frauen lässt sich erkennen, dass es noch nicht gelungen ist, die Leistung der Familienarbeit angemessen zu honorieren, vor allem im Alter. Der europäische Vergleich zeigt, dass Länder, die die Bedingungen für Frauenbeschäftigung verbessert haben (z. B. durch ausreichende Kinderbetreuung und familienfreundliche Arbeitszeiten), höhere Geburtenraten aufweisen. Dies scheint zu belegen, dass die Vereinbarkeit von Familie und Beruf die Entscheidung für Kinder positiv beeinflusst. Frauen- bzw. Kinder-freundliche Verhältnisse in Wirtschaft und Gesellschaft können folglich als entscheidende Faktoren für Wirtschaftswachstum und als Gewähr für Altersvorsorgung gesehen werden.[43, 44, 45]

3 Die Gesetzliche Rentenversicherung – gestern und heute

3.1 Entstehung und Entwicklung der Gesetzlichen Rentenversicherung

3.1.1 Von der Kaiserzeit bis nach dem II. Weltkrieg

Die GRV ist nach wie vor die wichtigste Säule der Altersversorgung in Deutschland. Es ist daher hilfreich zur Beurteilung des heutigen Alterssicherungssystems, die gesellschaftlichen, politischen und wirtschaftlichen Umstände zu kennen, die zu einer ersten staatlich institutionalisierte sozialen Sicherung führten. Die durch die Industrialisierung bedingten gravierenden Umwälzungen und die damit in Zusammenhang stehenden sozialen Probleme machten zur Stabilisierung des politischen und gesellschaftlichen Status Quo die Einführung einer sozialen Sicherung notwendig. Bei der Ausgestaltung dieser neuen Institution wurden die geltenden

---

42 Vgl. Baßeler, Ulrich; Heinrich, Jürgen; Utecht, Burkhard: Grundlagen und Probleme der Volkswirtschaft, a. a. O., S. 463.

43 Vgl. o. V.: Neue Wege – Gleiche Chancen, a. a. O., S. 166.

44 Vgl. Köcher, Renate: Anreize setzen, in WirtschaftsWoche Nr. 38, 19.09.2011, S. 48.

45 Vgl. o. V.: Gleichstellung von Frauen und Männern, a. a. O., S. 6.

Leitbilder und Rollenvorstellungen zugrunde gelegt. Die heutigen Reglements der GRV sind – trotz zahlreicher Reformen – noch geprägt von den Leitbildern ihrer Entstehungszeit, insbesondere einer durchgängigen Erwerbstätigkeit, wie sie typisch ist für männliche Lebensverläufe. Die Kenntnis des Warum und des Woher ist nützlich bei der Entwicklung von Strategien zur Abhilfe.[46]

Bis zur sozialpolitischen Gesetzgebung Ende des 19. Jh. durch Otto Fürst von Bismarck gab es in Deutschland keine institutionalisierte staatliche Alterssicherung. Die ersten Schritte zu einer sozialen Absicherung der Industriearbeiter und kleinen Angestellten wurde durch die sog. „Magna Charta der deutschen Sozialversicherung", der Kaiserlichen Botschaft von Kaiser Wilhelm I, 1881 eingeleitet und in der Folge durch Bismarck, dem damaligen Reichskanzler, peu à peu umgesetzt. Es wurden die drei Säulen der Sozialversicherung geschaffen:[47, 48]

- Gesetz zur Krankenversicherung (1883)
- Gesetz zur Unfallversicherung (1884)
- Gesetz zur Invaliditäts- und Alterssicherung (1889)

In der Alters- und Invaliditätsversicherung waren alle Arbeiter ab dem 16. Lebensjahr versicherungspflichtig. Finanziert wurde die Versicherung durch paritätische Beiträge der Arbeitgeber und der Versicherten sowie einem Reichszuschuss. Als Renteneintrittsalter galt zunächst das vollendete 70. Lebensjahr. 1916 wurde diese Altersgrenze auf 65 herabgesetzt. Dieses erste Altersicherungsgesetz sah lediglich Renten für die Versicherten vor, nicht für etwaige Hinterbliebene, was insofern bedeutsam ist, als das gesellschaftliche und politische Leitbild jener Zeit die Lebensaufgabe der Frau in der Funktion der Mutter und Ehefrau sah. Ihr Wirkungskreis sollte im Haus und nicht im Erwerbsleben sein. Die Realität entsprach zwar nicht diesem Paradigma, denn 1907 waren immerhin 70 % aller unverheirateten, 30 % der verheirateten Frauen und 40 % aller Witwen voll erwerbstätig. In diesen Angaben sind die in der Landwirtschaft tätigen Frauen und Heimarbeiterinnen nicht mit eingerechnet. Trotz des hohen Anteils an weiblichen Erwerbspersonen wurden Frauen z.B. in der Unfallversicherung nur als Witwen berücksichtigt und in der Alters- und Invalidenversicherung galt die weibliche Versicherte als Ausnahme. Beiträge und Renten von Frauen sollten nur zwei Drittel derer von Männer betragen. Es kann daher von einer bewussten Benachteiligung bis hin zur Ausgrenzung weiblicher Personen gesprochen werden. Die Rentenauszahlungsbeträge waren zudem für alle Empfänger

---

46 Vgl. Riedmüller, Barbara: Frauen- und familienpolitische Leitbilder im deutschen Alterssicherungssystem, a. a. O., S. 36 f.

47 Vgl. Kohleiss, Annelies: Sie heiratet ja doch – Ehe und soziale Sicherheit der Frau gestern – heute und morgen, Freiburg im Breisgau: Herder Verlag 1983, S. 38 f.

48 Vgl. Lampert, Heinz; Althammer, Jörg: Lehrbuch der Sozialpolitik, a. a. O., S. 82 f.

extrem bescheiden und nicht als Lohnersatz gedacht, so wie dies heute (noch) der Fall ist. Sie sollten „die Schwiegertochter dazu veranlassen, den Schwiegervater im Haushalt zu behalten"[49], wie Bismarck es formulierte. Wie mit der Schwiegermutter zu verfahren sei, wurde bezeichnenderweise nicht erwähnt. So rudimentär diese Sozialgesetze auch heute erscheinen mögen, so hatten sie doch dahingehend große Bedeutung, als zum ersten Mal ein Rechtsanspruch auf Sozialleistungen eingeräumt wurde.[50, 51, 52]

Die von Bismarck eingeführten Sozialreformen entsprangen nicht (nur) humanitärer Intention, sozial schwache Mitglieder der Gesellschaft abzusichern, sondern waren auch der Versuch, mit Hilfe sozialer Befriedung die bestehende Gesellschaftsordnung zu erhalten. Die Sozialversicherung war gewissermaßen für die Arbeiter das „Zuckerbrot zur Peitsche". Durch Integration in Staat und Gesellschaft sollten ihre Organisationsbestrebungen zu Selbsthilfegruppen und Parteien bekämpft werden.[53]

Auf Frauen bezogen, bedeuteten die Reformen, sofern sie unter die Versicherungspflicht fielen (anfangs nur Arbeiterinnen, keine Hausangestellte oder in der Landwirtschaft tätige Arbeitskräfte), in den Arbeitspausen einen Arzt aufsuchen zu dürfen, bis zu 13 Wochen Krankengeld, bis zu sechs Wochen nach einer Niederkunft Wochengeldunterstützung und eine Altersrente ab dem 70. Lebensjahr (das viele Frauen nicht erreichten) sowie Invalidenrente beziehen zu können. Diese finanziellen Leistungen waren jedoch zu dürftig, um das Existenzminimum zu sichern. Konnten Angehörige nicht helfen, war der demütigende Gang zur Armenfürsorge noch immer unausweichlich.[54]

Aufgrund des frauenfeindlichen Eherechts blieb einem großen Teil der Frauen der Zugang zum Arbeitsmarkt ohnehin versperrt. Mit in Kraft treten des Bürgerlichen Gesetzbuches (BGB) am 1. Januar 1900 war gesetzlich festgelegt, dass die grundsätzliche Gleichstellung von Mann und Frau mit der Eheschließung endete. Der Ehemann verfügte weitgehend über Einkommen und Vermögen der Ehefrau, er hatte das Recht einen Arbeitsvertrag seiner Frau zu kündigen und die Ehefrau war sowohl zur unentgeltlichen Mitarbeit im Geschäft des Mannes als auch zur Führung des gemeinsamen Haushaltes verpflichtet. Somit waren die Möglichkeiten einer verheirateten Frau, eine eigenständige Existenz- und Alterssicherung aufzubauen extrem beschränkt. Für diejenigen, die trotz allem einer Erwerbstätigkeit nachgingen,

---

49   Vgl. Kohleiss, Annelies: Sie heiratet ja doch, a. a. O., S. 40.

50   Vgl. Lampert, Heinz; Althammer, Jörg: Lehrbuch der Sozialpolitik, a. a. O., S. 83.

51   Vgl. Riedmüller, Barbara: Frauen- und familienpolitische Leitbilder im deutschen Alterssicherungssystem, a. a. O., S. 37 f.

52   Vgl. Kohleiss, Annelies: Sie heiratet ja doch, a. a. O., S. 39 f.

53   Vgl. Lampert, Heinz; Althammer, Jörg: Lehrbuch der Sozialpolitik, a. a. O., S. 84 f.

54   Vgl. Kohleiss, Annelies: Sie heiratet ja doch, a. a. O., S. 40 f.

wirkte sich die offiziell geltende Lohndiskriminierung nachteilig auf die Höhe von Krankengeld und Rente aus.[55, 56]

Im BGB wurde zwar einerseits die persönliche und wirtschaftliche Abhängigkeit der Ehefrau vom Ehemann festgeschrieben, ohne aber andererseits den Ehemann für den Fall seines Ablebens zur Vorsorge für seine Frau zu verpflichten. Die Sterblichkeitsrate verwitweter und geschiedener Frauen um die Jahrhundertwende ist ein klares Indiz für die existenzbedrohende Konsequenz dieser Nicht-Regelungen: Sie lag um etwa 25 % höher als die verheirateter Frauen, auch die Selbstmordrate lag bei knapp 20 % und somit doppelt so hoch wie die verheirateter Frauen. Eine Regelung zur Hinterbliebenenversorgung wurde erst 1911 eingeführt und auch nur als „Nebenprodukt" einer völlig anderen politischen Diskussion im Jahre 1902. Im Konflikt um die Erhöhung von Zolltarifen zum Schutze der einheimischen Landwirte vor der Einfuhr billiger Lebensmittel aus dem Ausland, schlugen die Abgeordneten der Zentrumspartei als Kompromiss vor, die Mehreinnahmen zugunsten einer Waisen- und Witwenversorgung im Interesse der Arbeiterschaft zu verwenden. Sie konnten sich auf diese Weise sowohl die Stimmen der Landwirte als auch die der mit höheren Preisen konfrontierten Verbraucher sichern.[57]

1911 war auch das Jahr, in dem zusätzlich zu den Arbeitern die Angestellten in der Rentenversicherung pflichtversichert und die einzelnen Versicherungsgesetze zur Reichsversicherungsordnung zusammengefasst wurden. Die Hinterbliebenenregelungen galten bis 1949 nur für die Witwen der Angestellten, erwerbsfähigen Arbeiterwitwen blieb sie verwehrt - auch denen, die bereits ein hohes Alter erreicht hatten - da der Gesetzgeber es als zumutbar ansah, dass diese Frauen ihre Existenz mit Tagelöhnerarbeiten sicherten. Ganz anders beurteilte man die Situation von Angestelltenwitwen, denen eine unbedingte Witwenrente in Höhe von 40 % der Versichertenrente zugestanden wurde. Die Gleichstellung der Arbeiterwitwe mit der Angestelltenwitwe erfolgte erst 1949 im Zuge des Sozialversicherungs-anpassungsgesetzes.[58, 59, 60,]

Obgleich die Einführung der Witwenrenten für die betreffenden Frauen eine Erleichterung darstellte, darf nicht außer Acht gelassen werden, dass mit Beschreiten dieses Weges zur Lösung der weiblichen Alterssicherungsproblematik, einer künftigen sozialen Abhängigkeit der Frau vom Ehemann Tür und Tor geöffnet wurde und sich

---

55 Vgl. Kohleiss, Annelies: Sie heiratet ja doch, a. a. O., S. 49 ff.
56 Vgl. Kohleiss, Annelies: Sie heiratet ja doch, a. a. O., S. 24.
57 Vgl. Kohleiss, Annelies: Sie heiratet ja doch, a. a. O., S. 55 f.
58 Vgl. Lampert, Heinz; Althammer, Jörg: Lehrbuch der Sozialpolitik, a. a. O., S. 87 f.
59 Vgl. Kohleiss, Annelies: Sie heiratet ja doch, a. a. O., S. 63 ff.
60 Vgl. Kohleiss, Annelies: Sie heiratet ja doch, a. a. O., S. 70.

dies noch heute sowohl in den Erwerbsbiografien als auch in den geringen Rentenauszahlungsbeträgen von Frauen bemerkbar macht.[61]

In den Folgejahren der Weimarer Republik und des III. Reiches unterlagen die Sozialgesetze keinen grundsätzlicher Änderungen, lediglich Anpassungen an die jeweils herrschenden wirtschaftlichen und politischen Gegebenheiten. Für Frauen von Bedeutung waren die in der Weimarer Verfassung deklarierte Gleichheit aller vor dem Gesetz und die Weiterentwicklung des Mutterschutzes in der Sozialgesetzgebung. Es wurde ein Beschäftigungsverbot sechs Wochen vor und sechs Wochen nach der Niederkunft und ein besonderer Kündigungsschutz während dieser Zeiten festgeschrieben. Die nationalsozialistische Familienpolitik bestand in erster Linie darin, vielfältige Anreize zu Kinderreichtum zu setzen, in Form von Kinderbeihilfen, Steuerermäßigungen und Wochenhilfen. Gravierende Änderungen innerhalb der Rentenversicherung wurden jedoch nicht durchgeführt.[62, 63]

Die bereits nach dem I. Weltkrieg für weibliche Angestellte eingeführte Regelung der Beitragsrückerstattung wurde 1937 auch auf Arbeiterinnen ausgeweitet. Demzufolge konnten Frauen, die nach der Eheschließung ihre versicherungspflichtige Tätigkeit aufgaben, sich ihre Beiträge auszahlen lassen – und verloren damit ihre Anwartschaften auf eine eigene Rente. Diese Möglichkeit gab es erneut, nachdem sie 1945 weitgehend außer Kraft gesetzt wurde, in den Jahren 1957 – 1968. Die Nachteile dieser Rückerstattungen liegen auf der Hand, wurden aber so nicht gesehen, denn bei der erneuten Einführung haben sich zwei Drittel bis drei Viertel der versicherten Frauen aufgrund einer Ehe ihre Beiträge erstatten lassen. Für einen geringen Vorteil in der Gegenwart verloren sie ihre Grundsicherung im Alter oder bei Invalidität. Die mit der Beitragsrückerstattung verbundene Hoffnung erwies sich insbesondere dann als Trugschluss, wenn es zur Scheidung kam. Obgleich Frauen sowohl nach dem BGB als auch dem Eherecht von 1938 Unterhaltsansprüche gegen einen als schuldig geschiedenen Ehemann hatten, wurde diesen Ansprüchen nicht immer entsprochen und eine Hinterbliebenenrente für geschiedene Frauen gab es bis 1942 nicht.[64]

3.1.2 Rentenreformen ab 1957 bis in die heutige Zeit

Die Rentenreform im Jahre 1957 ist aus zweierlei Gründen ein Meilenstein der Rentengesetzgebung, zum einen weil die Rentenleistungen fortan dynamisiert wurden,

---

61 Vgl. Riedmüller, Barbara: Frauen- und familienpolitische Leitbilder im deutschen Alterssicherungssystem, a. a. O., S. 36.

62 Vgl. Lampert, Heinz; Althammer, Jörg: Lehrbuch der Sozialpolitik, a. a. O., S. 94 f.

63 Vgl. Lampert, Heinz; Althammer, Jörg: Lehrbuch der Sozialpolitik, a. a. O., S. 101 ff.

64 Vgl. Kohleiss, Annelies: Sie heiratet ja doch, a. a. O., S. 72 ff.

d.h. der Entwicklung der Bruttolöhne und somit der Preisentwicklung angepasst wurden und zum anderen, weil die ersten Schritte zur Umstellung von der kapital- zur umlagengedeckten Finanzierung vollzogen wurden. Bei der Einführung der Sozialversicherung Ende des 19. Jahrhunderts hatte man nicht mit markant ansteigenden Löhnen und Preisen gerechnet und war davon ausgegangen, dass das Kapital, das der Einzelne mit seinen Beiträgen ansparte, für einen späteren Mindestbedarf im Alter ausreichend sein würde. Zweimal in der Geschichte der Rentenversicherung wurde jedoch der Kapitalstock nahezu vollkommen vernichtet: 1923 bedingt durch die Hyperinflation und 1948 aufgrund er Währungsreform. 1969 wurde der Umstieg zum heutigen Umlageverfahren auch formal vollzogen, was konkret bedeutet, dass so gut wie keine Rücklagen mehr angespart werden.[65, 66, 67]

In einem Artikel der Frankfurter Allgemeinen Zeitung zum 100. Geburtstag der Reichsversicherungsordnung wird die „adenauersche Rentenreform" als sozialpolitische Großtat bezeichnet, wobei zu bedenken bleibt, dass man damals nicht die mit sinkenden Kinderzahlen verbundenen Risiken bedacht hatte.[68]

Nach der Währungsreform kam es in der Zeit des Aufschwungs zu einem rasanten Anstieg der Arbeitseinkommen und der Lebenshaltungskosten, die für die Bezieher der kargen Renten z.T. existenzbedrohend waren. Man erkannte, dass das Kapitaldeckungsverfahren in Zeiten rasch wachsender Löhne nicht zur Vorfinanzierung der Renten ausreichte, und diese Erkenntnis führte 1957 zu einer grundlegenden Umgestaltung der Rentenversicherungsgesetze. Leitlinien waren die **Rentendynamik** (und damit die Funktion der Rente als Lohnersatz) sowie mittels eines **„Generationenvertrages"**, die Finanzierung per Umlage.[69, 70]

Diese Reformen brachten auch einer großen Zahl von Frauen erhebliche Vorteile, den Witwen. Anders als Männer, die damals wie heute fast ausschließlich Leistungen aufgrund ihrer eigenen geleisteten Beiträge erhielten/erhalten, gab und gibt es seit Einführung der Hinterbliebenenversorgung für Frauen mehrere Möglichkeiten Rentenleistungen zu erhalten:

1. Frauen, die selbst versichert sind und daher einen eigenen Anspruch haben.

---

65 Vgl. Kohleiss, Annelies: Sie heiratet ja doch, a. a. O., S. 77.

66 Vgl. Kohleiss, Annelies: Sie heiratet ja doch, a. a. O., S. 75 f.

67 Vgl. Lampert; Heinz; Althammer, Jörg: Lehrbuch der Sozialpolitik, a. a. O., S. 286.

68 Vgl. Stolleis, Michael: Das Maschinenhaus des Sozialstaats: Frankfurter Allgemeine Zeitung, 14.07.2011, S. 12.

69 Vgl. Kohleiss, Annelies: Sie heiratet ja doch, a. a. O., S. 75 f.

70 Vgl. Kohleiss, Annelies: Sie heiratet ja doch, a. a. O., S. 77 f.

2. Frauen, die nicht selbst versichert, aber mit einem versicherten Mann verheiratet sind und somit als Witwe oder geschiedene Frau von seinen Anwartschaften in Form der abgeleiteten Hinterbliebenenrenten profitieren.

3. Frauen, die Renten aus beiden Variationen beziehen.[71]

Die Gruppe der alleinstehenden, selbst versicherten Frauen profitierte nicht in dem Ausmaße von den Reformen, wie man zunächst annehmen würde. Sie waren zwar den Männern rentenversicherungstechnisch gleich gestellt, aber aufgrund des Lohngefälles zuungunsten der Frauen, blieben die Rentenauszahlungsbeträge für Frauen erheblich niedriger. Dies beruhte auf ihren geringeren beruflichen Qualifikationen, ihren schlechteren Karrierenchancen, der geringeren Zahl von geleisteten Überstunden und vor allem auf offenen und verdeckten Lohndiskriminierungen. Bis 1955 sahen Tarifverträge sog. Frauenlohngruppen vor für Tätigkeiten, die nur oder überwiegend von Frauen ausgeübt wurden. Bei Arbeiten, die beide Geschlechter ausübten, gab es für Frauen automatisch Lohnabschläge. Erst 1955 wurden diese offenen Lohndiskriminierungen vom Bundesarbeitsgericht unterbunden. Sie hatten aber dennoch weiterhin Auswirkungen auf die späteren Renten. Zudem gab und gibt es weiterhin verdeckte Diskriminierungen und beide Arten führen auf jeden Fall im Alter zu Einkommenseinbußen aufgrund der geringeren Versicherungsbeiträge (Kopplung der Beiträge an die Bruttolöhne). Das Rentenreformgesetz von 1972 hat diese Folgen teilweise mit der Einführung der „Rente nach Mindesteinkommen" korrigiert, wonach bei mind. 25 Versicherungsjahren die vor 1973 liegenden Pflichtbeiträge wie ein 75%iges Durchschnittseinkommen angerechnet werden. Diese Regelung kam in mehr als 80 % der Fälle Frauen zugute.[72]

Am meisten profitierten Witwen von den 1957er Reformen, denn durch die Lohnabschläge bei den weiblichen Beschäftigten waren die Durchschnittseinkommen niedriger, so dass es leichter war überdurchschnittliche Einkommen somit höhere Entgeltpunkten zu generieren. Dies hatte positive Auswirkungen sowohl auf männliche Beitragszahler als auch deren Hinterbliebene. Zudem wurde der Prozentsatz der Hinterbliebenenrente von zunächst 50 % auf 60 % erhöht. Diese rentenrechtliche Konzeption entsprach dem Eheverständnis der Jahrhundertwende (der einer Hausfrauen-Ehe) mit dem Ehemann als Alleinernährer. In einer derartigen Konstellation ist eine Witwenrente zur sozialen Sicherung der Hausfrau unabdingbar, denn sie dient nach dem Tod des Ernährers als Unterhaltsersatz. Die Rente wird aus den Rentenansprüchen des Verstorbenen gezahlt, ohne dass die Begünstigte selbst jemals Beiträge entrichtet hat.[73]

---

71 Vgl. Kohleiss, Annelies: Sie heiratet ja doch, a. a. O., S. 80.
72 Vgl. Kohleiss, Annelies: Sie heiratet ja doch, a. a. O., S. 81 ff.
73 Vgl. Kohleiss, Annelies: Sie heiratet ja doch, a. a. O., S. 90 f.

Entgegen diesem Prinzip wurde jedoch (ebenfalls 1957) das Eherecht an den Gleichheitsgedanken des Grundgesetzes angepasst, insofern als die Vorherrschaft des Ehemannes endete. Der Ehefrau wurde ausdrücklich ihr Recht auf Erwerbstätigkeit eingeräumt. Seit 1957 haben Ehepartner gleiche Rechte und Pflichten, d.h. Haushaltsführung und Geldbeschaffung sind gleichwertige Beiträge zum Familienunterhalt. Diesem Gleichberechtigungsgesetz folgte 1977 eine Reform des Ehe- und Familienrechts. Insgesamt führten diese Reformen jedoch zu einer Diskrepanz zwischen Ehe- und Hinterbliebenenversorgungsrecht. Das Eherecht soll zur Erwerbstätigkeit der Ehefrau anregen, während das Hinterbliebenenrecht dies konterkariert.[74, 75]

Eine großzügige Versorgung von Witwen ist aus heutiger Sicht und unter der Prämisse, dass beide Geschlechter gleichermaßen am Erwerbsleben teilnehmen dürfen und sollen, problematisch. Diese Art der Rente knüpft lediglich an einer Eheschließung an. Es ist unerheblich, ob die Begünstigte z.B. Familienarbeit bzw. ob sie eigene Beiträge zur Rentenversicherung geleistet hat. Es werden Leistungen ausbezahlt ohne, dass die Gesellschaft dafür eine Gegenleistung erhalten hat oder dass der Nachweis der Bedürftigkeit erbracht wird. Mit einer solchen Regelung werden eindeutig Anreize zur Eheschließung nicht aber zur eigenen Erwerbstätigkeit gesetzt. Unverheirateten Frauen oder Männern, die keine eigenen Ansprüche erwerben konnten (weil ihnen eine Erwerbstätigkeit aus welchen Gründen auch immer nicht möglich war), kommt eine solche Rente nicht zu. Bedenkenswert ist schließlich, dass die Hinterbliebenenrenten ohne zusätzliche Beitragsleistung des verheirateten Pflichtversicherten gewährt werden, so dass alle Versicherte (auch alleinstehende Frauen oder Mütter mit geringem Verdienst und auch solche, die selbst keinen Leistungsberechtigten hinterlassen) diese Leistungen finanzieren müssen. Weiterhin darf nicht vergessen werden, dass ein Versicherter Anspruch auf eine Rentenleistung erst nach einer gewissen Zeit der Beitragsleistung hat, während eine Witwe diese Leistung – in der Variante von 1957 – sofort nach Eheschließung erhielt (unabhängig von Alter und Dauer der Ehe). 60 % aus dem Versichertenleben eines gut verdienenden Ehemannes können für eine kurze, kinderlose Ehe zu viel sein. Für eine Witwe jedoch, die in einer langen Ehe mehrere Kinder groß gezogen hat, kann es u.U. zu wenig sein. Im Hinblick auf die Hinterbliebenenversorgung kam es aufgrund jüngster Reformen zu wesentlichen Leistungseinschnitten. Es bleibt dennoch zu erörtern (vgl. Kapitel 6), inwieweit es prinzipiell aus gesellschaftlicher, aber auch volkswirtschaftlicher Sicht gerechtfertigt ist, Rentenansprüche allein am Tatbestand einer Eheschließung festzumachen.[76]

---

74 Vgl. Kohleiss, Annelies: Sie heiratet ja doch, a. a. O., S. 91 f.
75 Vgl. Kohleiss, Annelies: Sie heiratet ja doch, a. a. O., S. 93 f.
76 Vgl. Kohleiss, Annelies: Sie heiratet ja doch, a. a. O., S. 95 f und 97.

Aufgrund der wachsenden finanziellen Nöte im Rentenwesen und dem sich immer stärker abzeichnenden demografischen Wandel, kam es in den letzten beiden Jahrzehnten zu zahlreichen Reformen. So. wurde u.a. ein Demografie- bzw. Nachhaltigkeitsfaktor eingeführt, um eine gerechtere Lastenverteilung zwischen den Generationen zu bewerkstelligen Von besonderer Relevanz für Frauen war die Erweiterung bei der Berücksichtigung von Kindererziehungszeiten von zunächst einem Entgeltpunkt auf drei Entgeltpunkte pro Kind.[77]

Zur Bildung von Anreizen zur Altersvorsorge außerhalb der GRV, wurde das Gesetz zur Regelung staatlicher Förderung von betrieblicher und privater kapitalgedeckter Altersvorsorge (Riester-Rente) geschaffen. Weiterhin wurde die Besteuerung der Renten dahingehend geändert, dass im Zuge der nachgelagerten Besteuerung die Rentenversicherungsbeiträge für Arbeitnehmer steuerlich abzugsfähig sind, die Alterseinkünfte der Rentner im Gegenzug der Einkommenssteuer unterliegen. Auf diese Weise soll den Erwerbstätigen mehr verfügbares Einkommen zur Verfügung stehen, um sie zu vermehrter privater Altersvorsorge anzuregen. Zusätzlich wird das Renteneintrittsalter künftig von z.Zt. noch 65 Jahre (bei den Geburtsjahrgängen von vor 1947) schrittweise auf 67 Jahre erhöht.[78, 79]

Frauenrelevant sind die 1985 neu geregelte Hinterbliebenversorgung sowie die Anerkennung von Kindererziehungszeiten. Die Einführung eines Erziehungsjahres soll für erziehende Elternteile Rentenansprüche begründen und falls diese schon vorhanden sind, rentenerhöhend wirken. 2003 wurde die bedarfsorientierte Grundsicherung im Alter und bei Erwerbsminderung für all jene eingeführt, deren Rente nicht zur Existenzsicherung ausreicht.[80]

3.2 Die Gesetzliche Rentenversicherung heute

3.2.1 Grundsätzliche Bemerkungen

Die gesetzliche Rentenversicherung ist nach wie vor die erste und wichtigste Säule der Alterssicherung in Deutschland. Gegenwärtig beziehen rund 89 % der westdeutschen Rentner und 84 % der westdeutschen Rentnerinnen eigenständige Leistungen aus den Rentenkassen der GRV, in Ostdeutschland sind es bei beiden Geschlechtern fast 100 %.

---

77 Vgl. Baßeler, Jürgen; Heinrich, Jürgen; Utecht; Burkhard: Grundlagen und Probleme der Volkswirtschaft, a. a. O., S. 465 f.

78 Vgl. Baßeler, Jürgen; Heinrich, Jürgen; Utecht; Burkhard: Grundlagen und Probleme der Volkswirtschaft, a. a. O., S. 467 f.

79 Vgl. o. V.: Deutsche Rentenversicherung Bund (Hrsg.): Die richtige Altersrente für Sie, Nr. 200, 4. Aufl., Berlin: 4/2009, S.8.

80 Vgl. Lampert, Heinz; Althammer, Jörg: Lehrbuch der Sozialpolitik, a. a. O., S. 116 f.

Die Rentenversicherung knüpft aufgrund ihres Einkommens- und Zeitfaktors in der Berechnung der späteren Rente eng an sozialpflichtige Beschäftigungen an, spiegelt damit aber nur bedingt die Lebensleistung von Männern und Frauen, da Tätigkeiten außerhalb der Sozialversicherungspflicht unberücksichtigt bleiben.[81]

Derzeit hat die GRV den größten Anteil an den Sozialausgaben der Bundesrepublik Deutschland: Von insgesamt 760,6 Mrd. Euro Sozialleistungen im Jahr 2010 und einer Sozialleistungsquote von 30.4 % beanspruchte die Rentenversicherung davon 31,9 %. Aufgrund der demografischen Entwicklung, die zu einem wachsenden Anteil von älteren Menschen an der Gesamtbevölkerung führen wird, steht zu befürchten, dass die Ausgaben noch weiter steigen werden. In den letzten Jahren kam es daher vermehrt zu Reformen im Rentenrecht, um dieser Problematik zu begegnen, was allerdings auch zu einer gewissen Unübersichtlichkeit geführt hat. Im folgenden werden die wichtigsten Kriterien des heutigen Rentenrechts kurz skizziert, mit Schwerpunkt auf die besonders für Frauen maßgeblichen Faktoren.[82]

3.2.2 Personenkreis – Finanzierung - Rentenberechnung

Die gesetzliche Rentenversicherung ist eine **Pflichtversicherung** für abhängig Beschäftigte und für bestimmte Selbstständige oder freiberuflich Tätige. Sie soll sicher stellen, dass dieser Personenkreis für das Alter und gegen Invalidität abgesichert ist. Versicherungsfrei sind Selbständige, Hausfrauen, geringfügig Beschäftigte, Rentner und Personen, die aufgrund Ihres Berufes anderweitig abgesichert sind (z.B. Beamte und Richter). Nicht Versicherungspflichtige, die das 16. Lebensjahr vollendet haben, können auf freiwilliger Basis der GRV beitreten.[83, 84, 85,]

Beitragszahlungen der Versicherten und deren Arbeitgeber sowie Bundeszuschüsse sind die Quellen, aus denen die Rentenversicherung ihre Ausgaben bestreitet. Der **Beitragssatz** beträgt z.Zt. 19,9 % und wird von Arbeitnehmern und Arbeitgebern paritätisch getragen. Die jeweilige **Beitragshöhe** richtet sich nach dem Bruttoverdienst des Versicherten. Eine Obergrenze stellt die jährlich von der Bundesregierung festgesetzte Beitragsbemessungsgrenze dar (z. Zt.: 5.500 €/Monat in den alten Bundesländern und 4.800 €/Monat in den neuen Bundesländern). Freiwillig Versicherte zahlen ihren Beitrag alleine und für geringfügig Beschäftigte trägt der Arbeitgeber einen

---

81 Vgl. o. V.: Neue Wege – Gleiche Chancen, a. a. O., S. 178 f.

82 Vgl. o. V.: Sozialbudget 2010, a. a. O., S. 5.

83 Vgl. Baßeler, Ulrich; Heinrich, Jürgen; Utecht, Burkhard: Grundlagen und Probleme der Volkswirtschaft, a. a. O., S. 449.

84 Vgl. o. V.: Deutsche Rentenversicherung Bund (Hrsg.): Das Renten-ABC, a. a. O., S. 45.

85 Vgl. o. V.: Deutsche Rentenversicherung Bund (Hrsg.): SGB VI – Gesetzliche Rentenversicherung, Texte und Erläuterungen, 15. Aufl., Berlin: 1/2011, S 120.

Pauschalbetrag. Die Leistungsträger von Kranken-, Arbeitslosen- und Übergangsgeld sowie die für nicht erwerbsmäßig Pflegende und Wehr- und Zivildienstleistende zuständigen Institutionen entrichten die Beiträge für die entsprechenden Personengruppen. Für Empfänger von Arbeitslosengeld II werden ab dem 01.01.2011 keine Beiträge mehr zur Rentenversicherung gezahlt.[86, 87]

Um die Beitragssätze (z.Zt. 19, 9 %) trotz steigenden Zahl der Leistungsempfänger auf relativ stabilen Niveau halten zu können, müssen entsprechend der Gleichung für das Umlageverfahren aller Voraussicht nach die Leistungen gekürzt werden, denn:[88]

Einnahmen der Rentenversicherung	=	Ausgaben der Rentenversicherung
Durchschnittl. Beitragshöhe x Anzahl der Beitragszahler	=	Durchschnittl. Rente x Anzahl der Rentner

Kürzungen bei den gesetzlichen Rentenleistungen hofft man für den Einzelnen kompensieren zu können, indem man zu eigenverantwortlicher privater Vorsorge anregt bzw. aufruft. Ein Weg, der allerdings nur für Personen mit ausreichend hohem Einkommen gangbar ist, während Geringverdiener, also genau diejenigen, für die zusätzliche Vorsorge von Nöten wäre, bei diesem System außen vor bleiben – dazu gehören u.a. aufgrund ihrer unsteten Erwerbsbiografie gerade auch Frauen.[89]

Die **Zuschüsse des Bundes** stellen einen nicht unerheblichen Anteil der Einnahmen der Rentenversicherung dar: Von den im Jahr 2009 erzielten Einnahmen in Höhe von rd. 246 Mrd. € entfielen 181,6 Mrd. € (73,8 %) auf Beiträge und mehr als ein Viertel, konkret 63,4 Mrd. € (25,8 %), auf Zuschüsse des Bundes (57,3 Mrd. € zur allgemeinen Rentenversicherung und 6 Mrd. € zur knappschaftlichen RV). Nicht zu verwechseln mit den Bundeszuschüssen ist die **Bundesgarantie**. Hierbei handelt es sich um ein zinsloses Darlehen, dass der Staat im Falle finanzieller Engpässe der Rentenversicherung zur Verfügung stellt. Überschüssige Einnahmen der Rentenversicherungsträger werden in einer gemeinsamen **Nachhaltigkeitsrücklage** (Schwankungsreserve) gesammelt. Diese betrug für Ende 2009 16,2 Mrd. Euro (entsprechend 0,97 Monatsausgaben) und wurde vom Bundesministerium für Arbeit und Soziales für 2010 auf 18,0 Mrd. Euro (entsprechend 1.07 Monatsausgaben) geschätzt.[90, 91]

Grundsätzlich gilt für den Versicherten, dass seine spätere Rente von der Höhe der entrichteten Beiträge und der Anzahl der Jahre, die er versichert war, abhängt

---

86 Vgl. o. V.: Rentenversicherungsbericht 2011, a. a. O., S. 12.

87 Vgl. o. V.: Deutsche Rentenversicherung Bund (Hrsg.): Die Rentenversicherung – verlässlicher Partner von Anfang an, Nr. 100, 6. Aufl., Berlin: 2/2011, S. 7.

88 Vgl. Bartling, Hartwig; Luzius, Franz: Grundzüge der Volkswirtschaftslehre, a. a. O., S. 205.

89 Vgl. Köcher, Renate: Anreize setzen, a. a. O., S. 48.

90 Vgl. o. V.: Rentenversicherungsbericht 2011, a. a. O., S. 28.

91 Vgl. o. V.: Deutsche Rentenversicherung Bund (Hrsg.): Das Renten-ABC, a. a. O., S. 15.

(beitragsbezogene Leistung). Der spätere Leistungsumfang bemisst sich aber auch aus der Gesamtzahl der Leistungsempfänger (Umlagen-Gleichung) und der von den politischen Entscheidungsträgern festgesetzten Altersgrenze, ab der die Renten bezogen werden können (Bezugsdauer).[92], [93]

Entgeltpunkte, Zugangsfaktor, Aktueller Rentenwert und Rentenartfaktor sind die maßgeblichen Bestandteile der sog. **Rentenformel**, nach der sich die Individualrente bemisst. Das Produkt dieser Faktoren ergibt die monatliche Rentenhöhe.

Entgeltpunkte errechnen sich aus dem Verhältnis des persönlichen Jahresbruttoverdienstes zum jährlich ermittelten Jahres-Durchschnittsverdienst aller Versicherten. Ein Entgeltpunkt wird vergeben, wenn dieses Verhältnis Eins ergibt. Je nach dem, ob der persönliche Jahresbruttoverdienst über oder unter dem Durchschnittsverdienst liegt, wird der entsprechende Entgeltpunkt größer oder kleiner Eins sein. Da sich sowohl der Durchschnittsverdienst als auch der persönliche Verdienst ändern, können auch die Entgeltpunkte im Laufe eines Erwerbslebens unterschiedliche Größen aufweisen. 2011 beträgt das jährliche Durchschnittsentgelt 30.268 Euro (vorläufige Berechnung der Deutschen Rentenversicherung). Bei einem Jahresverdienst von 34.000 Euro werden 1,1233 Entgeltpunkte erwirtschaftet, während ein Jahresverdienst von 17.000 Euro (bspw. ein Teilzeitarbeitsverdienst) nur 0,5616 Entgeltpunkte einbringt.[94, 95]

In der Komponente **Zugangsfaktor** schlägt sich bei der Berechnung der Rentenhöhe das Renteneintrittsalter nieder. Abschläge müssen hingenommen werden, wenn die Rente vor dem gesetzlichen Renteneintrittsalter in Anspruch genommen wird und Zuschläge werden gut geschrieben, wenn die Rente erst später beantragt wird. Im Zuge der derzeitig ungünstigen demografischen Entwicklung in Deutschland, nach der schon jetzt, vor allem aber in den nächsten Jahren das Verhältnis Rentenempfänger/leistungsfähige Beitragszahler immer weiter zu Lasten der Erwerbstätigen kippt, sowie aufgrund der gestiegenen Lebenserwartung (und damit einer längeren Rentenbezugsdauer), wird das Renteneintrittsalter von derzeit noch 65 Jahre ab 2012 peu à peu auf 67 Jahre angehoben. Es ist künftig mit einer weiteren Anhebung des Renteneintritts bzw. längerer Lebensarbeitszeit zu rechnen.[96]

---

92 Vgl. o. V.: Deutsche Rentenversicherung (Hrsg.): Rente: So wird sie berechnet – alte Bundesländer, Bund, Nr. 204, 9. Aufl., Berlin: 1/2011, S. 4.

93 Vgl. Baßeler, Ulrich; Heinrich, Jürgen; Utecht, Burkhard: Grundlagen und Probleme der Volkswirtschaft, a. a. O., S. 450.

94 Vgl. o. V.: Deutsche Rentenversicherung Bund (Hrsg.): Rente: So wird sie berechnet – alte Bundesländer, a. a. O., S. 4 f.

95 Vgl. o. V.: Deutsche Rentenversicherung Bund (Hrsg.): Die Renteninformation – mehr wissen, a. a. O., S. 5 f.

96 Vgl. o. V.: Deutsche Rentenversicherung Bund (Hrsg.): Rente: So wird sie berechnet – alte Bundesländer, a. a. O., S. 5.

Für die Dynamisierung bzw. die Anpassung der Renten an die jeweilige Einkommenssituation eines durchschnittlich Beschäftigten sorgt der **aktuelle Rentenwert**. Er wird jedes Jahr am 1. Juli festgesetzt. Für seine Berechnung werden sowohl die Lohn- und Gehaltsentwicklung aller Versicherten und ihre Aufwendungen für die Altersvorsorge als auch die Relation Rentner/Beitragszahler (Nachhaltigkeitsfaktor) miteinbezogen. Der **Nachhaltigkeitsfaktor** dämpft die Dynamik der Anpassung, um zu verhindern, dass die Beitragszahler unverhältnismäßig zugunsten der Rentenbezieher belastet werden. Eine Schutzklausel wiederum soll die Rentner bei ungünstigen Entwicklungen absichern. Seit dem 1. Juli 2009 gilt ein Rentenwert von 27,20 Euro für einen Entgeltpunkt.[97,98]

Der **Rentenartfaktor** schließlich bestimmt die Höhe der Rente gemäß ihrer Art, bspw. entspricht eine Altersrente dem Rentenartfaktor 1, während die Rente wg. teilweiser Erwerbsminderung dem Faktor 0,5 entspricht. Der Rentenartfaktor hat somit auch Auswirkungen auf die Rentenhöhe. Zur Illustration ein Beispiel zur Berechnung der Regelaltersrente eines fiktiven Versicherten, der in 14 Jahren mit 66 Jahren in Rente gehen wird:

Der Versicherte hat z.Zt. 30,7212 Entgeltpunkte auf seinem Rentenkonto. Multipliziert man diese Zahl mit dem aktuellen Rentenwert von 27,20 Euro, so errechnet sich eine Altersrente von derzeit 835,62 Euro/Monat. Um nun die künftige Altersrente in 14 Jahren zu berechnen, wird man die durchschnittlichen Entgeltpunkte der letzten 5 Jahren berücksichtigen, das wären in diesem Beispiel 1,75. Also ergibt sich:

$$14 \times 1,75 = 24,5$$

$$30,7212 + 24,5 = 55,2212$$

$$55,2212 \times 27,20 = 1.502,02$$

und folglich eine künftige Rente in Höhe von 1.502,02 Euro. Dieser Betrag kann sich um die zu erwartenden Rentenanpassungen erhöhen und wird sich aufgrund der obligatorischen Abzüge von Steuern und Beiträgen zu Kranken- und Pflegeversicherung schmälern und muss zudem um einen zu erwartenden Kaufkraftverlust bereinigt werden.[99,100,101]

---

97 Vgl. o. V.: Deutsche Rentenversicherung Bund (Hrsg.): Rente: So wird sie berechnet – alte Bundesländer, a. a. O., S.22.
98 Vgl. o. V.: Deutsche Rentenversicherung Bund (Hrsg.): SGB VI – Gesetzliche Rentenversicherung, Texte und Erläuterungen, a. a. O., S. 356 f.
99 Vgl. o. V.: Deutsche Rentenversicherung Bund (Hrsg.): Rente: So wird sie berechnet – alte Bundesländer, a. a. O., S. 5 f.
100 Vgl. o. V.:, Hrsg.: Deutsche Rentenversicherung Bund (Hrsg.):   SGB VI – Gesetzliche Rentenversicherung, Texte und Erläuterungen, a. a. O., S. 364 f.

3.2.3 Leistungen der Rentenversicherung

Kernleistung der Rentenversicherung ist die Zahlung von **Renten**, wobei es Renten von unterschiedlicher Art und Umfang zu unterscheiden gilt:

Zu den **Altersrenten,** die aufgrund des Erreichens eines bestimmten Alters ausgezahlt werden, zählen

- die Regelaltersrente (ab dem 65. – 67. Lebensjahr – je nach Geburtsjahr – mit mind. 5 Versicherungsjahren),
- die Altersrente für langjährig Versicherte (ab dem 65. Lebensjahr – je nach Geburtsjahr – mit mind. 35 Pflichtbeitragsjahren),
- die Altersrente für besonders langjährig Versicherte (ab dem 65. Lebensjahr – je nach Geburtsjahr – mit mind. 45 Pflichtbeitragsjahren),
- die Altersrente für Frauen (mind. 15 Versicherungsjahre – diese Rente wird nur noch für Frauen der Geburtsjahrgänge bis 1951 ausgezahlt),
- die Altersrente wegen Arbeitslosigkeit oder nach Altersteilzeit (Mindestalter 60 – 63 Jahre – je nach Geburtsjahr),
- die Altersrente für schwerbehinderte Menschen (Mindestalter 60 – 65 Jahre – je nach Geburtsjahr).[102]

Daneben werden noch Renten wegen verminderter Erwerbsfähigkeit des Versicherten ausbezahlt. Es handelt sich hierbei um sog. **Zeitrenten**, d.h. sie werden nur befristet gewährt. **Renten wegen Todes** (des Versicherten) erhalten seine Hinterbliebenen. Diese Renten sind abgeleitete Ansprüche, da sie nicht aus den Ansprüchen derjenigen Personen gezahlt werden, die sie erhalten, sondern aus denen des Verstorbenen. Hierzu zählen die Witwen-/Witwer- und Waisenrenten. Seit 2005 werden auch die Hinterbliebenen von eingetragenen gleichgeschlechtlichen Lebensgemeinschaften als Witwer und Witwen anerkannt.[103, 104]

Für Geschiedene gibt es die Möglichkeit als Unterhaltersatz eine **Erziehungsrente** zu beziehen, sofern der geschiedene Partner verstorben ist und sie ein Kind erziehen. Diese Rente ist jedoch kein abgeleiteter Anspruch, sondern wird aus der Versicherung des Rentenbeziehers gezahlt. Es sind diverse Voraussetzungen für den Bezug zu erfüllen. Weitere Leistungen der GRV sind Maßnahmen zur Rehabilitation und zur

---

101 Vgl. o. V.: Deutsche Rentenversicherung Bund (Hrsg.): Die Renteninformation – mehr wissen, a. a. O., S. 10 ff.

102 Vgl. o. V.: Die richtige Altersrente für Sie, Hrsg.: Deutsche Rentenversicherung Bund (Hrsg.): Die richtige Altersrente für Sie, a. a. O., S. 4 ff.

103 Vgl. o. V.: Deutsche Rentenversicherung Bund (Hrsg.): Die Rentenversicherung – verlässlicher Partner von Anfang an, a. a. O., S. 13 f.

104 Vgl. o. V.: Deutsche Rentenversicherung Bund (Hrsg.): SGB VI – Gesetzliche Rentenversicherung, Texte und Erläuterungen, a. a. O., S. 256 ff.

Gesunderhaltung ihrer Mitglieder sowie Zahlung von Zuschüssen zur Krankenversicherung der Rentner.[105]

3.2.4 Frauen-relevante Regelungen

Einige der in den letzten Jahren durchgeführten Reformen wirken sich positiv auf die speziell von Frauen erbrachte Familienarbeit aus. Dies sind die Anrechnung von Kindererziehungszeiten, Berücksichtigungszeiten und Anrechnungszeiten sowie die Beitragszahlung der Pflegeversicherung für nicht-erwerbstätig Pflegende. Für Frauen von Belang sind nach wie vor die Hinterbliebenenleistungen als teilweisen Unterhaltsersatz sowie die Regelungen für Geschiedene, für geringfügig Beschäftigte und die Grundsicherung nach SGB VII.

Für Personen, die Kinder (in Deutschland) erziehen, zahlt der Bund die Pflichtbeiträge zur Rentenversicherung. Hierbei wird das jeweils aktuelle Durchschnittseinkommen angesetzt und jedes Kindererziehungsjahr ergibt einen Entgeltpunkt. Diese **Kindererziehungszeiten** werden auch zusätzlich zur Erwerbstätigkeit gewährt, dann allerdings nur bis zur Höhe der Beitragsbemessungsgrenze. Für Geburten bis einschl. 1991 werden 12 Monate Kindererziehungszeiten gutgeschrieben (1 Entgeltpunkt) und für Geburten ab 1992 36 Monate (3 Entgeltpunkte). Damit Personen, die mehrere Kinder gleichzeitig erziehen, keine Nachteile entstehen, verlängert sich der Anrechnungszeitraum pro Kind entsprechend, d.h. wenn das erste Kind 2002 und das zweite 2004 zur Welt kommen, dann verlängern sich die Kindererziehungszeiten bis 2008, so dass 6 Entgeltpunkte gutgeschrieben werden können.[106, 107]

Neben diesen Kindererziehungszeiten in den ersten drei Jahren nach der Geburt, werden auch Zeiten der Kindererziehung über einen Zeitraum von 10 Jahren als sog. **Berücksichtigungszeiten** anerkannt. Damit sollen Nachteile aufgrund der durch Kindererziehung fehlenden oder niedrigeren Beiträge ausgeglichen werden. Mütter erhalten eine Aufwertung ihren Rentenpunkte um maximal 0,33 Entgeltpunkte pro Jahr. Das Einkommen wird um 50 % maximal bis zur Höhe des Durchschnittseinkommens aufgestockt. Es müssen allerdings 25 Versicherungsjahre nachgewiesen werden. Für diese Zeiten übernimmt der Staat zwar nicht die Zahlung der Beiträge, aber die Berücksichtigungszeiten schließen Lücken im Rentenversicherungsleben, wirken sich

---

105 Vgl. o. V.: Deutsche Rentenversicherung Bund (Hrsg.): Hinterbliebenenrente: Hilfe in schweren Zeiten, 4. Aufl. (7/2009), Nr. 202, Berlin, S. 6 ff.
106 Vgl. o. V.: Deutsche Rentenversicherung Bund (Hrsg.): Das Renten-ABC, a. a. O., S.24.
107 Vgl. o. V.: Deutsche Rentenversicherung Bund (Hrsg.): Kindererziehungszeiten: Ihr Plus für die Rente, Nr. 402, 6. Aufl., Berlin: 3/2011, S. 8 f.

somit positiv auf die Wartezeiten (Rentenanspruch), die Gesamtleistungsbewertung und die Mindestentgeltpunkte aus.[108, 109, 110]

Anrechnungszeiten sind ebenfalls beitragsfreie Zeiten, die bei Errechnung der späteren Rentenhöhe Berücksichtigung finden und für die die Solidargemeinschaft die Kosten trägt. Darunter fallen u.a. auch Schwangerschafts- und Mutterschutzfristen, allerdings nur dann, wenn die Versicherte eine versicherungspflichtige Beschäftigung unterbricht. Hausfrauen profitieren nur dann von dieser Regelung, wenn ihre Anrechnungszeiten zwischen das 17. und 25. Lebensjahr fallen, da diese Regelung in erster Linie für Berufsanfänger eingeführt wurde.[111]

Für **Pflegepersonen**, die kranke oder schwerbehinderte Menschen im häuslichen Umfeld mind. 14 Stunden/Woche nicht erwerbsmäßig pflegen, zahlt die Pflegeversicherung Beiträge zur Rentenversicherung. Neben der Pflege darf keine oder nur eine Erwerbstätigkeit bis zu 30 Wochenstunden ausgeübt werden. Die Höhe der Beiträge sind abhängig von der Höhe der Pflegestufe. Mit Eintritt der Pflegenden in die Rente stellt die Pflegekasse jedoch ihre Beitragszahlungen ein. Dies erscheint nicht gerechtfertigt, da es vor allem auch ältere Menschen sind, die ihren Partner pflegen (bei der derzeit hohen Lebenserwartung sind auch oftmals schon die pflegenden Kinder im Rentenalter) und der Pflegeaufwand erfahrungsgemäß mit fortschreitender Erkrankung anspruchsvoller wird. Zudem böte sich hier besonders für Frauen mit diskontinuierlichen Erwerbsverläufen eine Möglichkeit, ihre möglicherweise dürftigen Renten aufzubessern.[112, 113, 114]

In der erwerbsmöglichen Phase zwischen dem 15. und 65. Lebensjahr sind über 10 % der weiblichen Erwerbstätigen **geringfügig beschäftigt** (bei den über 55jährigen Frauen sind es sogar mehr als 60%). Die rentenrechtlichen Auswirkungen dieser prekären Beschäftigungsverhältnisse, die vorwiegend von verheirateten Frauen als Zuverdiener-Option wahrgenommen werden, sind beträchtlich und sichern bspw. im Falle einer Scheidung keineswegs die Existenz dieser Frauen. Beschäftigte von sog. 400 Euro-Jobs sind versicherungsfrei, lediglich der Arbeitgeber muss Pauschalbeträge an die Kranken-

---

108 Vgl. o. V.: Deutsche Rentenversicherung Bund (Hrsg.): Rente: Jeder Monat zählt, Nr. 407, 5. Aufl., Berlin: 1/2010, S. 17.

109 Vgl. o. V.: Deutsche Rentenversicherung Bund (Hrsg.): Renten-ABC, a. a. O., S. 13.

110 Vgl. Riedmüller, Barbara; Schmaleck, Ulrike: Eigenständige Alterssicherung von Frauen – Bestandsaufnahme und Handlungsbedarf, Expertise im Auftrag der Friedrich-Ebert-Stiftung, Online im Internet: http://library.fes.de/pdf-files/wiso/07970.pdf, 17.08. 2011, S. 6.

111 Vgl. o. V.: Deutsche Rentenversicherung Bund (Hrsg.): Rente: Jeder Monat zählt, a. a. O., S. 18 f.

112 Vgl. o. V.: Deutsche Rentenversicherung Bund (Hrsg.): Renten-ABC, a. a. O., S. 29.

113 Vgl. o. V.: Neue Wege – Gleich Chancen, a. a. O., S. 186 f.

114 Vgl. Riedmüller, Barbara; Schmaleck, Ulrike: Eigenständige Alterssicherung von Frauen, a. a. O., S. 6.

und Rentenversicherung entrichten. Aus diesen Beiträgen würde sich nach 45 Erwerbsjahren ein Rentenanspruch von monatlich 143,45 € (in Westdeutschland) ergeben. Was für in der Ehe abgesicherte Frauen zunächst verlockend wirkt, da der Verdienst nicht durch Abzüge geschmälert wird, schlägt sich später nachteilig auf die Rentenansprüche nieder – und sichert nicht die Existenz, falls die Ehe scheitert. Es besteht die Möglichkeit, den Arbeitgeberanteil freiwillig aufstocken, um Anspruch auf das Leistungspaket der GRV zu erwerben. Wird diese Option wahrgenommen, kann immerhin mit einer Rente von 190, 27 im Monat gerechnet werden.[115, 116, 117]

Zur Verringerung von Altersarmut, von der insbesondere Frauen betroffen sind, wurde 2003 die bei den Sozialhilfeträgern zu beantragende **Grundsicherung** eingeführt. Sie kann von über 65jährigen und dauernd erwerbsgeminderten Personen in Anspruch genommen werden. Obgleich diese Form der Unterstützung keine Leistung der GRV ist, soll sie dennoch Erwähnung finden, da sie u.a. für alleinstehende ältere Frauen in Betracht kommt, die keine zur Existenz ausreichende Rente beziehen. Der bundeseinheitliche Regelsatz beträgt seit 1. Juli 2009 359 Euro/Monat für Alleinstehende zur Kostendeckung von Lebensmitteln und Bekleidung. Für Miete und Nebenkosten werden die von den zuständigen Behörden als angemessen betrachteten tatsächlichen Kosten berücksichtigt. Kranken- und Pflegeversicherungsbeiträge sowie Vorsorgebeiträge und Beiträge für Sterbegeld in angemessener Höhe werden ebenfalls von den Leistungsträgern übernommen. Zusätzliche finanzielle Mittel gibt es u.a. für Schwangere und Alleinerziehende. Falls notwendig können auch Erstausstattungen für Wohnungen finanziert werden.[118]

Grundsätzlich haben nur Personen Anrecht auf Grundsicherung, die ihren Bedarf nicht durch eigenes Einkommen oder Vermögen bestreiten können. Es werden etwaige Einkommen und bestimmte Arten von Vermögen verrechnet und nur ein sich ergebender Fehlbetrag wird ausgezahlt. Zur Einschätzung des Umfangs dieser Unterstützung eine Beispielrechnung der Deutschen Rentenversicherung:[119]

Regelsatz	359,-
Miete	285,-
Heizung	35,-
Nebenkosten	50,-
Mehrbedarf aufgrund einer Gehbehinderung	61,-
Gesamt-Bedarf	**790,-**
abzgl. einer Witwenrente in Höhe von	**325,-**

115 Vgl. Kreinkamp, Eva; Frisch, Gerda; Gabrysch, Julia: Frauen und ihre Altersvorsorge, Auswirkungen der ökonomischen Emanzipation auf Finanzstatus und –verhalten von Frauen, Hrsg.: Deutsches Institut für Altersvorsorge GmbH, Köln: Eigenverlag 2010, S. 45.

116 Vgl. o. V.: Neue Wege – Gleiche Chancen, a. a. O., S. 185 f.

117 Vgl. o. V.: Neue Wege – Gleiche Chancen, a. a. O., S. 178 f.

118 Vgl. Lampert, Heinz; Althammer, Jörg: Lehrbuch der Sozialpolitik, a. a. O., S. 117.

119 Vgl. o. V.: Deutsche Rentenversicherung Bund (Hrsg.): Jeder Monat zählt, a. a. O., S. 17.

(hier wurden bereits Kranken- und
Pflegeversicherungsbeiträge abgezogen)

Verbleibt eine Grundsicherung in Höhe von   465,-

Seit der Einführung de Grundsicherung im Jahr 2003 ist die Zahl der
Leistungsempfänger, vor allem weiblicher, kontinuierlich gestiegen. 2007 bezogen
2,8% Frauen und 1,9 % Männer diese Hilfe. Alarmierend an diesen Zahlen ist die
Tatsache, dass die heutige Zahl der Rentner relativ gering ist im Vergleich zu dem, was
für die nächsten Jahre erwartet wird. Die absolute Zahl wird sich selbst bei konstantem
prozentualem Niveau drastisch erhöhen. Da die Grundsicherung nicht von der
Rentenversicherung sondern von den Kommunen getragen wird, muss mit enormen
Belastungen in den kommenden Jahren gerechnet werden.[120]

Berechnungen unterschiedlicher Studien kommen zu dem Ergebnis, dass Stundenlöhne
zwischen 8,20 € – 9,47 € über 45 Erwerbsjahre notwendig wären, um
Rentenanwartschaften in Höhe des z.Zt. im Rahmen der Grundsicherung
durchschnittlich gezahlten Betrages von 676 €/Monat zu generieren. Im
Dienstleistungsbereich - einer Frauen-Domäne - werden diese Stundenlöhne jedoch
häufig nicht erreicht.[121]

Witwen, Witwer, Waisen oder Partner einer eingetragenen gleichgeschlechtlichen
Partnerschaft können nach dem Tod des Angehörigen eine **Hinterbliebenenrente**
beantragen bzw. erhalten. Diese Renten sind abgeleitete Ansprüche, d.h. sie werden aus
den Versicherungsansprüchen des Verstorbenen gezahlt und sollen teilweise den
Unterhalt ersetzen, den der Verstorbene an seinen Ehepartner bzw. seine Kinder nicht
mehr leisten kann. Die Regelungen wurden Anfang 2002 hinsichtlich Umfang,
Bezugsdauer und Berechtigung zuungunsten der Hinterbliebenen geändert bzw.
verschärft. Um jedoch soziale Härten für Personen zu vermeiden, die ihr Leben nach
dem alten Recht ausgerichtet hatten, gelten Übergangsregelungen. Solche Regelungen
gelten bspw. für Personen, deren Partner vor dem 01.01.2002 verstorben sind. Im
Folgenden wird der Einfachheit halber nur die Bezeichnung Witwe verwandt, obgleich
männliche Hinterbliebene den gleichen Regelungen unterliegen. Ab Eheschließungen
nach dem 01.01.2002 erhält eine Witwe nur dann eine abgeleitete Rente, wenn die Ehe
mind. ein Jahr bestanden hatte (Ausnahme: Unfalltod). Diese Einschränkung gab es im
alten Recht nicht. Weiterhin muss der verstorbene Partner eine Wartezeit von fünf
Jahren erfüllt haben oder bereits Rentner gewesen sein. Mit einer erneuten

---

120 Vgl. Riedmüller, Barbara; Schmaleck, Ulrike: Eigenständige Alterssicherung von Frauen, a. a. O., S.
    10.
121 Vgl. o. V.: Neue Wege – Gleiche Chancen, a. a. O., S. 185 f.

Eheschließung endet der Anspruch der Witwe. Unterschieden wird zwischen großer und kleiner Witwenrente.[122]

Eine **kleine Witwenrente** erhalten Frauen, die jünger als 45 Jahre, nicht erwerbsgemindert sind und kein Kind erziehen. Sie beträgt 25 % der Rente, auf die der Verstorbene zum Zeitpunkt seines Todes Anspruch gehabt hätte und ist auf zwei Jahre begrenzt. Auch diese zeitliche Begrenzung gab es zuvor nicht, daher erhalten Witwen für die das alte Recht gilt, diese Rente unbegrenzt. **Große Witwenrente** erhalten Personen, wenn sie älter als 45 Jahre, erwerbsgemindert oder seit dem 31.12.2000 erwerbsunfähig sind oder ein Kind unter 18 Jahren erziehen. Die große Witwenrente beträgt 55 % der Rente, auf die der Verstorbene Anspruch gehabt hätte oder bezogen hat (nach altem Recht 60 %). Die Altersgrenze wird von 45 auf 47 angehoben beginnend mit Todesfällen ab 2012. Die große Witwenrente reduziert sich auf eine kleine Witwenrente, sobald das Kind das 18. Lebensjahr vollendet hat und die Altersgrenze für die große Witwenrente noch nicht überschritten wurde. Witwen, die Kinder unter drei Jahren erziehen, erhalten Zuschläge, z.B. 24,72 € in den alten Bundesländern bei Bezug einer kleinen Witwenrente und 54,39 € bei Bezug einer großen Witwenrente. Beziehen die Hinterbliebene weitere Einkünfte, so werden diese bei Überschreiten eines Freibetrages zu 40 % auf die Hinterbliebenenrente angerechnet. Künftige Witwenrenten werden aufgrund der allgemeinen Senkungen der Renteniveaus geringer ausfallen als dies noch aktuell der Fall ist.[123]

Die **Erziehungsrente**, die geschiedene Partner als Unterhaltsersatz erhalten können, wenn sie ein Kind erziehen, unterscheidet sich insofern von einer Hinterbliebenenrente als diese Rente keinen abgeleiteten Anspruch darstellt, d.h. sie ist eine Rente aus eigenen Versicherungsanwartschaften. Voraussetzung ist aber auch hier, dass der Bezieher unverheiratet ist.[124]

Für Frauen spielt die Hinterbliebenenrente noch immer eine weitaus größere Rolle als für Männer (für die das gleiche Witwenrecht erst seit 1985 gilt). Im Jahr 2008 erhielten 42 % aller Frauen über 65 Jahren Witwenrente, wohingegen dies nur für 5 % der Männer galt. Dies liegt zum einen darin begründet, dass es weniger männliche Hinterbliebene gibt und zum anderen die Witwer-Rente aufgrund der höheren eigenständigen Renten von untergeordneter Bedeutung ist. Viele Frauen dagegen sind noch immer von den Rentenansprüchen ihrer Ehemänner abhängig und können durch

---

122 Vgl. o. V.: Deutsche Rentenversicherung Bund (Hrsg.): Hinterbliebenenrente: Hilfe in schweren Zeiten, a. a. O., S. 4 ff.

123 Vgl. o. V.: Deutsche Rentenversicherung Bund (Hrsg.): Hinterbliebenenrente: Hilfe in schweren Zeiten, a. a. O., S. 8 f, 10 f und 28.

124 Vgl. o. V.: Deutsche Rentenversicherung Bund (Hrsg.): Hinterbliebenenrente: Hilfe in schweren Zeiten, a. a. O., S.21 f.

Kumulation von eigenen mit abgeleiteten Ansprüchen Rentenhöhen generieren, die mit denen von Männern vergleichbar sind. Nicht nur hinsichtlich gestiegener Scheidungsraten und der damit verbundenen Unwägbarkeiten, sondern auch weil keine eigenen Ansprüche erarbeitet wurden, ist diese Option der Frauen-Alterssicherung in heutiger Zeit fragwürdig geworden. Die gesetzlichen Änderungen aus dem Jahr 2002 zeigen, dass die Politik versucht, gesellschaftlichen Änderungen Rechnung zu tragen. Es fehlt jedoch an einer einheitlichen politischen Richtung. Es werden Anreize für Lebensentwürfe gesetzt, die sich nicht kongruent zu einander verhalten.[125]

Seit 1977 gibt es bei Scheidungen die Teilung der Versorgungsanrechte beider Partner, den **Ausgleich für Geschiedene**. Eine Reform dieser Regelungen fand 2009 statt. Alle Regelungen gelten auch für gleichgeschlechtliche Paare, die seit 2005 offiziell als Partnerschaften eingetragen sind. Versorgungsausgleich bedeutet, dass Versorgungsanrechte, die Ehepartner während der Ehe erworben haben – ungeachtete, ob es sich um gesetzliche oder private Rentenansprüche handelt – im Zuge einer Scheidung vom Familiengericht aufgeteilt werden. Es ist Ziel dieses Ausgleiches, dass für den schlechter gestellten Partner eine von dem Geschiedenen unabhängige Versorgung geschaffen wird bzw. um geringe Rentenansprüche zu erhöhen. Durch eine spätere Heirat gehen diese Ansprüche nicht verloren (anders als bei dem Bezug von Hinterbliebenenrente). Bei kurzen Ehen bis zu drei Jahren findet ein Ausgleich nur statt, wenn die Eheleute dies ausdrücklich beantragen. Nach dem reformierten Recht von 2009 zählen neben gesetzlichen und privaten auch Anwartschaften aus Betriebsrenten zu den auszugleichenden Versorgungen. Der Versorgungsausgleich hat für den zum Zeitpunkt der Scheidung rentenrechtlich schlechter gestellten Partner positive und für den anderen negative Auswirkungen, was die spätere Rente betrifft. Ein Beispiel der Deutschen Rentenversicherung soll dies verdeutlichen:[126, 127, 128]

Ehefrau:

Entgeltpunkte aus eigenen Anwartschaften	15,4579
Entgeltpunkte aus dem Versorgungsausgleich	+1,1851
Summe:	16,6430

125 Vgl. o. V.: Neue Wege – Gleiche Chancen, a. a. O., S. 181 und 225.
126 Vgl. o. V.: Deutsche Rentenversicherung Bund (Hrsg.): Geschiedene: Ausgleich bei der Rente, Nr. 401, 5. Aufl., Berlin: 9/2010, S.4 f.
127 Vgl. o. V.: Deutsche Rentenversicherung Bund (Hrsg.): Geschiedene: Ausgleich bei der Rente, a. a. O., S.8 f.
128 Vgl. o. V.: Deutsche Rentenversicherung Bund (Hrsg.): Geschiedene: Ausgleich bei der Rente, a. a. O., S.27 f.

Ehemann:

Entgeltpunkte aus eigenen Anwartschaften	20,4679
Entgeltpunkte aus dem Versorgungsausgleich	- 1,1851
Summe	19,2828

Bei Errechnung einer Rente mit fiktiven Zugangsfaktor von 0.892, Rentenwert von 27,20 € und Rentenartfaktor von 1 würden sich folgende Renten ergeben:

Ehefrau mit Versorgungsausgleich: 403, 80 € (ohne Ausgleich: 375,05 €).

Ehemann mit Versorgungsausgleich: 467,85 € (ohne Ausgleich: 496,60 €).

Der Versorgungsausgleich ist auf den ersten Blick für Frauen, die z.B. aufgrund von Kindererziehung beruflich kürzer getreten sind, durchaus positiv zu sehen, aber auf lange Sicht ist dies nur ein minimaler Ausgleich für die entstandenen Nachteile resultierend aus langfristigen Erwerbseinbußen und aus Brüchen im Erwerbsleben. Diese Defizite können nicht durch einen Versorgungsausgleich kompensiert werden. Eine Hausfrau oder Teilzeitbeschäftigte, die nach der Scheidung auf dem Arbeitsmarkt als Vollzeitkraft Fuß fassen muss, findet selten einen lückenlosen Anschluss und verfügt nicht über die Verhandlungsmacht, die eine durchgängige Berufstätigkeit mit sich bringt.[129]

3.3   Rentensystem-immanente Problematik

Altersstruktur und Beschäftigungslage haben maßgeblichen Einfluss auf die Finanzierbarkeit von Alterssicherungssystemen, insbesondere bei umlagenfinanzierten Systemen wie der GRV in Deutschland. Die Altersstruktur der deutschen Bevölkerung hat sich – wie auch die anderer europäischer Staaten – in den Jahren ab etwa 1970 eklatant verändert. Zum einen ist die Lebenserwartung gestiegen und zum anderen sind die Geburten stark zurückgegangen. Nach Berechnungen des Statistischen Bundesamtes (12. koordinierte Bevölkerungsvorausberechnung) erwartet man, dass die heute 65jährigen Männer durchschnittlich etwa 84 Jahre und die heute 65jährigen Frauen sogar fast 88 Jahre alt werden. Das führt zu einer mittleren Rentenbezugsdauer von 20 Jahren. Die Geburtenziffer der gebärfähigen Frauen jedoch wird bei 1,4 verbleiben, d.h. Frauen im gebärfähigen Alter bringen nicht die nötige Anzahl an Mädchen zur Welt, die den Bestand der Bevölkerung auf dem heutigen Niveau erhalten könnten.[130, 131]

129 Vgl. o. V.: Neue Wege – Gleiche Chancen, a. a. O., S. 134.

130 Vgl. Baßeler, Ulrich; Heinrich, Jürgen; Utecht; Burkhard: Grundlagen und Probleme der Volkswirtschaft, a. a. O., S. 462.

131 Vgl. o. V.: Rentenversicherungsbericht 2011, a. a. O.; S. 12.

Das Kernstück unseres Rentenversicherungssystems, der Generationenvertrag, nach dem die aktuell leistungsfähige Generation sowohl die Nachkommen als auch die Alten versorgt - in der berechtigten Erwartung, dass die darauffolgende Generation das Gleiche für sie tut - wird aufgrund dieser Entwicklungen als gefährdet angesehen. Gleichzeitig setzt das Rentensystem mit seiner starken Erwerbsbezogenheit Anreize, Kraft und Energie ins Berufsleben zu investieren und weniger in kosten- und zeitintensive Kindererziehung. Es ist für den Einzelnen ökonomischer, Erwerbstätigkeit der Aufzucht von Kindern vorzuziehen, denn nur das Erstere erhöht nach den derzeitigen Regelungen maßgeblich die als gefährdet angesehenen Rentenansprüche. Für eine solide Finanzlage der Rentenversicherung ist die Beschäftigungssituation von zentraler Bedeutung. Der in der jüngsten Vergangenheit herrschende Trend, früher in Rente zu gehen, längeren Ausbildungszeiten, immer wieder aufkommende hohe Arbeitslosigkeit sowie (vor allem bei weiblichen Erwerbstätigen) Ausfallzeiten wegen Kindererziehung oder der Pflege von Angehörigen begründen entsprechende Ausfälle bei den Beitragszahlungen und generieren somit Lücken in der Finanzierung derzeitiger Renten.[132, 133]

Zusätzlich zu der oben geschilderten Problematik sind Lösungen zu finden für die Unterversorgung im Alter von bestimmten Personengruppen, insbesondere von Frauen ohne eigenständige soziale Sicherung (s. dazu die nachfolgenden Kapitel). Zur Lösung dieser Schwierigkeiten gab es in den Jahren 1992 – 2004 eine Reihe von Rentenreformen, in erster Linie zur Konsolidierung der Finanzlage, aber auch im Hinblick auf die Unterversorgung von Müttern.[134, 135]

Gesetzliche Maßnahmen der letzten zehn Jahre waren u.a. die Anpassung des Bundeszuschusses an den Anstieg der Bruttoverdienste bzw. an die Beitragssätze zur GRV, die Anhebung des Renteneintrittsalters von 65 auf 67 Jahre, Berücksichtigung von Kindererziehungszeiten, eine Verringerung der Anrechnungszeiten wegen Ausbildung und die Einführung eines Nachhaltigkeitsfaktors. Maßgebliche Ziele all dieser Reformen sind der Erhalt dynamischer Renten und den Jüngeren die Bezahlbarkeit zu gewährleisten. Generell tragen die Reformen der vergangenen Jahre zu einer Schwächung des Ernährer-Modells bei, da das Rentenniveau so weit gesenkt wurde, dass die gesetzliche Rente eines Ehepartners nicht mehr ausreichen wird, um die

---

132 Vgl. Baßeler, Ulrich; Heinrich, Jürgen; Utecht, Burkhard: Grundlagen und Probleme der Volkswirtschaft, a. a. O., S. 462 f.

133 Vgl. Baßeler, Ulrich; Heinrich, Jürgen; Utecht, Burkhard: Grundlagen und Probleme der Volkswirtschaft, a. a. O., S. 463 f.

134 Vgl. Lampert, Heinz; Althammer, Jörg: Lehrbuch der Sozialpolitik, a. a. O., S. 324 f.

135 Vgl. Baßeler, Ulrich; Heinrich, Jürgen; Utecht, Burkhard: Grundlagen und Probleme der Volkswirtschaft, a. a. O., S. 465 ff.

Ehefrau mit zu versorgen. Das setzt positive Anreize zur eigenen Erwerbstätigkeit von Frauen. Mit Hilfe der staatlichen Förderung von betrieblicher und privater Altersvorsorge sollen Anreize gesetzt werden, zusätzlich in Eigeninitiative für das Alter Ersparnisse zu bilden.[136, 137]

Aus Sicht der mikroökonomischen Haushaltstheorie werden den Versicherten (aufgrund ihrer Versicherungsbeiträge) Mittel entzogen, die sie ansonsten ansparen könnten. Infolgedessen hindert die GRV die Beitragszahler an eigenverantwortlicher Spartätigkeit, um damit eine eigene private Altersvorsorge aufzubauen – sofern sie dies anstreben. Fragwürdig bleibt indessen, ob die staatlich geförderte private Altersvorsorge sicher und rentierlich ist. Die Turbulenzen im Finanzsektor und wachsende Inflation gefährden die Anlagen.[138, 139]

Die Rückführung der GRV in eine kapitalgedeckte Versicherung wie dies bereits vor 1957 der Fall war, wurde verschiedentlich in Erwägung gezogen, stößt jedoch schon deshalb an die Grenzen der Umsetzbarkeit, weil zwangsläufig mind. eine Generation der doppelten Belastung ausgesetzt wäre: Erstens müsste sie die Ansprüche der derzeitigen Rentner erfüllen und zweitens ihre eigene kapitalgedeckte Vorsorge finanzieren. Dazu käme noch die Versorgung der Kinder. Im Grunde ist bereits die Generation der derzeit Erwerbstätigen diesen Belastungen ausgesetzt, da sie verstärkt in die private Vorsorge gedrängt wird, gleichzeitig aber auch die hohen Beiträge für die GRV pflichtgemäß erbringen muss.[140]

4 Erwerbsleben von Frauen – gestern und heute

4.1 Allgemeine Bemerkungen zur weiblichen Erwerbstätigkeit

Eine Analyse der Thematik Altersversorgung, vor allem mit dem Anspruch auch entsprechende Lösungswege zu erarbeiten, ist nur gangbar, wenn das Erwerbsleben miteinbezogen wird. Nahezu alle Probleme der Alterssicherung haben ihren Ursprung im Erwerbsverhalten bzw. in den Erwerbsmöglichkeiten. Der Arbeitsmarkt mit den

---

136 Vgl. Baßeler, Ulrich; Heinrich, Jürgen; Utecht, Burkhard: Grundlagen und Probleme der Volkswirtschaft, a. a. O., S. 465 f.

137 Vgl. Riedmüller, Barbara; Schmalreck, Ulrike: Eigenständige Alterssicherung von Frauen, a. a. O., S. 8.

138 Vgl. Baßeler, Ulrich; Heinrich, Jürgen; Utecht, Burkhard: Grundlagen und Probleme der Volkswirtschaft, a. a. O., S. 462 f.

139 Vgl. Hoyer, Niklas: Stattliche Rente oder staatliche Ente? in: WirtschaftsWoche, Nr. 42, 17.10.2011, S. 102.

140 Vgl. Baßeler, Ulrich; Heinrich, Jürgen; Utecht, Burkhard: Grundlagen und Probleme der Volkswirtschaft, a. a. O., S. 465.

damit zusammenhängenden Facetten ist einer der wichtigsten Ansatzpunkte zur Problemlösung. Insofern ist eine gründliche Durchleuchtung der heutigen Erwerbssituation von Frauen unabdingbar. Die wirtschaftliche Situation im Alter bilanziert den Erwerbsverlauf eines Individuums, daher erschließt sich die finanzielle Qualität am Ende eines Lebens aus dem Erwerbsleben.[141, 142]

Um die heutige Situation einschätzen und beurteilen zu können, ist es hilfreich die Wurzeln der gegenwärtigen Lage zu kennen. Die Vergangenheit ist nichts Abgeschlossenes, sie wirkt in vielerlei Gestalt weiter in die Gegenwart. Die Kenntnis historischer Gegebenheiten hilft heutige Rollenmuster, Lebensformen und gesellschaftliche Rahmenbedingungen zu entlarven und einzuordnen. So wie die Erwerbstätigkeit des Einzelnen seine wirtschaftliche Situation im Alter prägt, so prägt der geschichtliche Verlauf die Situation der Gegenwart.

Der folgende historische Abriss umfasst grob den Zeitraum vom 14. Jahrhundert bis zur heutigen Zeit und erhebt dabei keinen Anspruch auf Vollständigkeit. Er dient lediglich der Sensibilisierung für Verhalten und Einstellungen, die sich im Laufe der Zeit verfestigt haben, daher noch Auswirkungen zeigen oder sich veränderten und somit Anpassungen notwendig machen. Rechtliche Verhältnisse der vorindustriellen Zeit hatten zum Teil bis weit ins 20. Jahrhundert Bestand und hemmen auf diese Weise die gleichberechtigte Teilhabe von Frauen am Erwerbsleben noch heute. Um einen möglichst umfassenden Eindruck zu gewinnen, wurden unterschiedliche gesellschaftlichen Schichten beleuchtet und Hintergründe versucht zu erfassen.[143, 144]

4.2 Weibliche Erwerbstätigkeit früherer Zeiten

4.2.1 Vorindustrielle Zeit (ca.14.- 19. Jahrhundert)

Bezeichnend für die damalige Situation von Frauen war zum Einen, dass sie fast ausschließlich über die Beziehung zu einem Mann wahrgenommen wurden (Vater, Ehemann, Sohn, Bruder). Zum Anderen verbannte man sie ins Haus - zur Erziehung der Kinder und Verrichtung unbezahlter Hausarbeit. Diese Aufgaben wurden nicht nur materiell nicht entlohnt, sie entbehrten auch gesellschaftlichen Anerkennung. Die für Frauen geduldete und zugängliche Arbeit außer Haus war größtenteils von niederem Niveau sowohl in Entlohnung als auch im Ansehen.[145]

141 Vgl. o. V.: Neue Wege – Gleiche Chancen, a. a. O., S. 3.
142 Vgl. o.V.: Neue Wege – Gleiche Chancen, a. a. O., S. 203.
143 Vgl. Kohleiss, Annelies: Sie heiratet ja doch, a. a. O., S. 12 f.
144 Vgl. Kohleiss, Annelies: Sie heiratet ja doch, a. a. O., S. 52 f.
145 Vgl. Anderson, Bonnie S.; Zinsser, Judith P.: Eine eigene Geschichte; Frauen in Europa; Frühgeschichte bis 18. Jahrhundert, Band 1; Frankfurt am Main: Fischer Taschenbuch 1995, S. 12 f.

Frauen waren der Geschlechtsvormundschaft/Geschlechtsvogtei unterworfen, d.h. sie hatten die Rechtsstellung eines unmündigen Kindes. Für alle Rechtsgeschäfte bedurfte es eines männlichen Vormundes, dem auch das Recht auf Züchtigung zustand. Die Vormundschaft des Vaters ging fließend in die des Ehemannes über. Gab es weder Ehemann noch Vater, so übernahmen Bruder, Sohn oder ein anderer männlicher Verwandter die Vormundschaft. In den Zünften übernahmen die Zunftmeister die Vormundschaft für Witwen von Händlern oder Handwerkern. Frauen durften keinerlei Rechtsgeschäfte ohne männliche Einwilligung tätigen. Diese Regelung wirkte bis in die Mitte des 20 Jahrhunderts als sog. „Herrenrecht". Der Ehemann hatte die Verfügungsgewalt über das Vermögen und Einkommen seiner Ehefrau. 1953 traten diese Vorschriften formal außer Kraft, weil sie dem Gleichheitsgrundsatz des GG entgegenstanden. Erst seit 1977 dürfen Ehefrauen auch ohne die Einwilligung ihres Ehemannes einer Erwerbstätigkeit nachgehen.[146, 147, 148]

Die Abwertung der erwachsenen Frau stand in engem Zusammenhang mit den religiösen Vorstellungen der damaligen Zeit, nach denen man(n) die Frau als verderbtes, unreines, lasterhaftes Wesen sah, das der Unterwerfung männlicher Herrschaft bedurfte, um dessen negativen Auswirkungen unter Kontrolle zu halten. Aber auch profane ökonomische Interessen trugen zur Ausgrenzung weiblicher Erwerbstätigkeit bei. War den Frauen bereits im 14 Jh. der Zugang zu eigenem Gewerbe oder auch nur zur Mitarbeit im Familienbetrieb durch rigorose Regeln der Zünfte erschwert, so eskalierte die Situation im 16. Jahrhundert dahingehend, dass die Frauen gänzlich aus der Erwerbstätigkeit ausgeschlossen wurden. Die Zünfte reagierten damit auf die schlechter gewordene wirtschaftliche Lage aufgrund der Bauernaufstände. Wirtschaftliche Interessen festigten somit religiöse Wahnvorstellungen.[149, 150, 151]

Frauen in bäuerlichen Gemeinschaften wurden als Mitglieder dieser Produktions- und sozialen Schutzgemeinschaften betrachtet und gehörten zum „Haus", was ihnen auch eine Versorgung im Alter einbrachte. Der Begriff „Familie", wie er heute verwendet wird, war zur damaligen Zeit noch nicht gebräuchlich. Man sprach vom „Haus" und meinte damit außer Eltern, Kindern, Verwandte auch Mägde, Knechte und Vieh.[152]

---

146 Vgl. Kohleiss, Annelies: Sie heiratet ja doch, a. a. O., S. 12 f.

147 Vgl. Kohleiss, Annelies: Sie heiratet ja doch, a. a. O., S. 53.

148 Kreienkamp, Eva; Frisch, Gerda; Gabrysch, Julia: Frauen und ihre Altersvorsorge, a. a. O., S. 10.

149 Vgl. Anderson, Bonnie S.; Zinsser, Judith P.: Eine eigene Geschichte; Frauen in Europa, Band 1, a. a. O., S. 542 ff.

150 Vgl. Kohleiss, Annelies: Sie heiratet ja doch, a. a. O., S. 11 f.

151 Vgl. Kohleiss, Annelies: Sie heiratet ja doch, a. a. O., S. 19.

152 Vgl. Kohleiss, Annelies: Sie heiratet ja doch, a. a. O., S. 11.

In den Städten gab es keine derartige Versorgungsgemeinschaften. Die Ehe als Versorgungsarrangement kam nur für wenige in Frage, denn es herrschte eklatanter Frauenüberschuss. Zudem reglementierten strenge Vorgaben die Heiratsabsichten junger Männer. So war es bspw. Handwerksgesellen, die nachweislich keine Familie ernähren konnten, verboten zu heiraten. Die Ehe war demnach für Frauen eine eher unsichere Form der sozialen Absicherung, vor allem für das Alter.[153]

Mehr als die Hälfte der jungen Frauen der unteren Schichten arbeiteten in den Städten als Dienstmägde in den Häusern wohlhabender Bürger, was auch sexuelle Übergriffe der Dienstherren mit einschloss. Andere verdingten sich als Wäscherinnen, arbeiteten auf den Feldern außerhalb der Stadt oder schleppten Steine in Zechen. Gleichgültig welcher Arbeit sie nachgingen, sie erhielten prinzipiell weniger Lohn als Männer und konnten selten für ihr Alter vorsorgen. Vom männlich dominierten Erwerbsleben weitgehend ausgeschlossen, wuchs die Bedeutung von Frauenklöstern (vor allem für Töchter aus angesehenen Familien), Hospitälern, und Beginenhäusern. Viele Frauen schlugen sich als Prostituierte durch, in sog. Frauenhäusern oder als Marketenderinnen, die Kriegszüge begleiteten. Von einer gleichberechtigten und anerkannten Teilhabe am Erwerbsleben konnte keine Rede sein.[154, 155]

4.2.2 Die Zeit der industriellen Umwälzungen (18.- 19.Jahrhundert)

Unbestritten waren die Erfindung der Dampfmaschine und die damit einhergehenden neuen Produktionsweisen langfristig wesentliche Wohlstandstreiber und die Armut jener Epoche keine ausschließliche Ausgeburt dieser neuer Produktionsformen. Dennoch verschärften die eklatanten Änderungen der Arbeitsbedingungen (Trennung von Arbeits- und Lebensraum, eintönige Arbeitsweise, Zerfall von sozialen Gemeinschaften, freie Arbeitsverträge) Armut und Not in breiten Bevölkerungsschichten. Im Zuge der Industrialisierung wurden Frauen (und Kinder) als billige, ungelernte Arbeitskräfte zur Bedienung von Maschinen (wieder) entdeckt. Die Entlohnung für diese Arbeit ermöglichte kein wirtschaftliches Auskommen und als Konsequenz kein Ansparen für das Alter.[156, 157]

Bis Ende des 19. Jh. mussten nahezu alle Frauen der Arbeiterschicht einer Lohnarbeit nachgehen – gleichgültig welchen Familienstand sie hatten. Mütter waren gezwungen, ihre Familie zu ernähren, sei es weil der Verdienst des Ehemannes nicht ausreichte oder

---

153 Vgl. Kohleiss, Annelies: Sie heiratet ja doch, a. a. O., S. 9 f.

154 Vgl. Anderson, Bonnie S.; Zinsser, Judith P.: Eine eigene Geschichte; Frauen in Europa, Band 1, a. a. O., S. 455 ff.

155 Vgl. Kohleiss, Annelies: Sie heiratet ja doch, a. a. O., S. 10 ff.

156 Vgl. Lampert, Heinz; Althammer, Jörg: Lehrbuch der Sozialpolitik, a. a. O., S. 31 ff.

157 Vgl. Kohleiss, Annelies: Sie heiratet ja doch, a. a. O., S. 21 ff.

weil sie ihre Kinder alleine groß zogen. Im Allgemeinen mussten sie sich mit den am schlechtesten bezahlten Tätigkeiten zufrieden geben. Eine Arbeit wurde allein schon dadurch abgewertet (und schlechter bezahlt), weil sie von einer Frau ausgeführt wurde. Dies begründete den vehementen Kampf der Männer in vergleichbar besseren Positionen gegen die Konkurrenz von Frauen, denn weibliche Mitarbeit führte immer zu einem Verfall der Löhne. Grundsätzlich erhielten Frauen für die gleiche Arbeit die Hälfte bis zu zwei Drittel vom männlichen Verdienst. Selbst in Tarifverträgen waren Lohnabschläge für Frauen vorgesehen – diese wurden erst nach einem Urteil des Bundesarbeitsgerichtes im Jahr 1955 abgeschafft.[158, 159, 160]

Im Prinzip kamen für Frauen zu dieser Zeit nur vier Arten der Erwerbstätigkeit in Frage:

- als Hausangestellte/Dienstmagd (nahezu die Hälfte)
- als Fabrikarbeiterin
- als Straßenverkäuferin
- als Prostituierte (das Einkommen einer Prostituierten war mit Abstand am einträglichsten!).[161]

Gründe für die schlechten Verdienstmöglichkeiten von Frauen waren:[162, 163, 164]

- Frauen sahen ihre Tätigkeit im Allgemeinen als etwas Vorübergehendes an, da sie auf eine Versorgung in der Ehe hofften.
- Frauen waren schlechter organisiert als Männer und duldsamer.
- Die männlich organisierten Gewerkschaften zeigten sich wenig solidarisch mit den Interessen der Frauen und bekämpften bis Ende des 19. Jh. sowohl die Arbeit von Frauen in den Fabriken als auch deren Beitritt zu den Gewerkschaften.
- Frauen und Mädchen wurde wenig bis gar keine Bildung zuteil, zum Einen weil ärmere Schichten nicht auf deren Arbeitskraft verzichten konnten, zum Anderen weil man dies nicht für nötig, ja sogar für schädlich hielt.

---

158 Vgl. Anderson, Bonnie S.; Zinsser, Judith P.: Eine eigene Geschichte; Frauen in Europa; Vom Absolutismus bis zur Gegenwart, Band 2, Frankfurt am Main: Fischer Taschenbuch 1995, S. 287.

159 Vgl. Lampert, Heinz; Althammer, Jörg: Lehrbuch der Sozialpolitik, a. a. O., S. 24 f.

160 Vgl. Anderson, Bonnie S.; Zinsser, Judith P.: Eine eigene Geschichte; Frauen in Europa, Band 2, a. a. O., S. 300 f.

161 Vgl. Anderson, Bonnie S.; Zinsser, Judith P.: Eine eigene Geschichte; Frauen in Europa, Band 2, a .a. O., S. 302 ff.

162 Vgl. Anderson, Bonnie S.; Zinsser, Judith P.: Eine eigene Geschichte; Frauen in Europa, Band 2, a. a. O., S. 291 ff.

163 Vgl. Kohleiss, Annelies: Sie heiratet ja doch, a. a. O., S.64 f.

164 Vgl. Anderson, Bonnie S.; Zinsser, Judith P.: Eine eigene Geschichte; Frauen in Europa, Band 2, a. a. O., S. 313.

- Frauen, sowohl in den Fabriken als auch als Hausangestellte, mussten grundsätzlich die niederen, schlechter bezahlten Arbeiten ausführen.
- Frauen, vor allem diejenigen, die kleine Kinder zu versorgen hatten, wechselten häufig die Tätigkeiten oder leisteten dürftig bezahlte Heimarbeit im Akkord.

Frauen des Bürgertums im 19. Jh. hatten zwar die Wahl zwischen Heirat und Erwerbstätigkeit, beide Möglichkeiten waren jedoch stark begrenzt. War keine lukrative Mitgift vorhanden, schwanden auch die Heiratschancen. Kam es doch zu einer Ehe, dann verlor die Ehefrau ihr gesamtes Vermögen an ihren Ehemann, der per Gesetz das Recht hatte, sowohl ihr Vermögen als auch ihre Einkünfte zu verwalten. Solange die Ehe währte, war die Frau versorgt, doch diese Sicherheit schwand, sobald der Ehemann starb oder sie verließ, denn es gab keine Verpflichtung des Ehemannes, für seine Frau Vorsorge zu treffen. Frauen dieser Gesellschafsschicht bot zu jener Epoche nur der Beruf der Lehrerin eine akzeptable Möglichkeit am Erwerbsleben teilzunehmen. Folglich kam es zu einer ausgeprägten Lehrerinnen-Schwemme und im Wettbewerb mit den männlichen mussten die weiblichen Lehrkräfte sich im Durchschnitt mit der Hälfte des Lehrerverdienstes zufrieden geben. [165]

Der Zugang zu Bildung und Ausbildung wurde massiv erschwert und verhinderte auf diese Weise, dass Frauen auch in anderen Berufszweigen Fuß fassen konnten. Der Kulturphilosoph Lagarde bspw. vertrat die Ansicht: „Das Regelrechte ist, dass Mädchen heiraten und ihre Bildung in der Ehe gewinnen; doch auch Schwestern, Töchter und Pflegerinnen werden durch Brüder, Väter, Kranke und Greise zu etwas gemacht werden, wenn sie diese Männer warmen Herzens bedienen."[166] In einer Denkschrift deutscher Mädchenschulpädagogen wird bzgl. der Ausbildung junger Frauen proklamiert, es solle ihnen „eine der Geistesbildung des Mannes in der Allgemeinheit der Art und Interessen ebenbürtige Bildung" ermöglicht werden, „damit der deutsche Mann nicht durch die geistige Kurzsichtigkeit und Engherzigkeit der Frau an dem häuslichen Herde gelangweilt und in seiner Hingabe an höhere Interessen gelähmt werde..."[167] Wirtschaftliche Überlegungen der Arbeitgeber schließlich – Frauen waren billiger! - führten allmählich auch zur Öffnung anderer Erwerbssparten, zunächst nicht jedoch in Berufen, die eine besondere Qualifikation erforderten.[168]

Im Zuge der Industrialisierung lösten sich viele tragfähige Familienbande, die auch den Alten soziale und wirtschaftliche Sicherheit geboten hatten, z.B. die bäuerlichen

---

165 Vgl. Kohleiss, Annelies: Sie heiratet ja doch, a. a..O., S. 30 f.

166 Kohleiss, Annelies: Sie heiratet ja doch, a. a. O., S. 32 f.

167 Kohleiss, Annelies: Sie heiratet ja doch, a. a. O., S. 64.

168 Vgl. Kohleiss, Annelies: Sie heiratet ja doch, a. a. O., S. 33 f.

Gemeinschaften. Die Menschen wanderten ab in Städte und Fabriken, bildeten das sog „Industrieproletariat". Die Entlohnung dieser Menschen war so dürftig, dass an Rücklagen für das Alter nicht zu denken war.[169]

Bis Ende des 19. Jh. gab es keine staatlich organisierte Alterssicherung und „In der gesamten europäischen Geschichte blieb die Tatsache konstant, dass die ärmsten Mitglieder der Gesellschaft alleinstehende Frauen waren, und vor allem die alleinstehenden Frauen im Alter."[170] Da die lukrativeren Tätigkeiten Männern oder jüngeren Frauen vorbehalten blieben, mussten ältere Frauen die niedersten Arbeiten verrichten und vegetierten z.T. unter den unwürdigsten Umständen.[171]

Es fällt die Ambivalenz auf, mit der Frauen leben mussten. Es wurde ihnen zwar der Platz im Hause zugewiesen, ohne dass dieser ihnen zugleich Sicherheit bot. Sie durften sich nicht im Erwerbsbereich profilieren, waren aber gezwungen, entweder für sich selbst oder ihre Familie den Lebensunterhalt zu bestreiten, zumindest aber dazu beizusteuern. Dieser Widerspruch in Erwartung und Wirklichkeit resultiert aus der seit Jahrhunderten gängigen Sichtweise, Frauen seien im Grunde keine wahren Menschen.[172]

4.2.3 Im 20. Jahrhundert

Der 1. Weltkrieg trug wesentlich zur Ausweitung weiblicher Erwerbsmöglichkeiten bei. Aufgrund des Mangels an männlichen Arbeitskräften, stieg die Nachfrage nach weiblichen Beschäftigten. Es fehlten vor allem gut ausgebildete Fachkräfte und so konnten Frauen ihre Fähigkeiten unter Beweis stellen, indem sie Kompetenz demonstrierten, insbesondere bei der Ausübung traditionell den Männern vorbehaltener Berufe. Dies führte auch zu vermehrtem gesellschaftlichen und politischen Einfluss (so wurde z.B. 1919 erstmals das Wahlrecht für Frauen eingeführt) und machte sich sogar in Äußerlichkeiten wie Kürzen von Haaren und Kleidern bemerkbar.[173,174]

Das „Aufbäumen" der Frauen wurde jedoch nach dem Krieg durch restriktive Maßnahmen der Weimarer Regierung schnell und effizient zurückgedrängt. So durften

---

169 Vgl. Kohleiss, Annelies: Sie heiratet ja doch,. a. a. O., S. 37.

170 Anderson, Bonnie S.; Zinsser, Judith P.: Eine eigene Geschichte; Frauen in Europa, Band 2, a. a. O., S. 318.

171 Vgl. Anderson, Bonnie S.; Zinsser, Judith P.: Eine eigene Geschichte; Frauen in Europa, Band 2, a. a. O., S. 319.

172 Anderson, Bonnie S.; Zinsser, Judith P.: Eine eigene Geschichte; Frauen in Europa, Band 1; a. a. O., S. 14.

173 Vgl. Anderson, Bonnie S.; Zinsser, Judith P.: Eine eigene Geschichte; Frauen in Europa, Band 2; a .a. O., S. 229.

174 Vgl. Anderson, Bonnie S.; Zinsser, Judith P.: Eine eigene Geschichte; Frauen in Europa, Band 2; a. a. O., S. 232 ff.

z.B. alle verheirateten Frauen aus dem Staatsdienst entlassen werden und eine Heirat berechtigte zur Kündigung. Für die hohe männliche Arbeitslosigkeit in dieser insgesamt labilen wirtschaftlichen Situation wurden zunehmend berufstätige Frauen verantwortlich gemacht. Wie zur Zeit der Bauernaufstände waren wirtschaftliche Interessen und die Konkurrenz auf dem Arbeitsmarkt Anlass genug, Frauen vom Erwerbsleben auszuschließen. Die Kirche unterstützte diese Ausgrenzung. Papst Pius XI proklamierte 1931, dass die Lohnarbeit von verheirateten Frauen „den weiblichen Charakter und die Würde der Mutterschaft, ja der ganzen Familie erniedrige, indem der Ehemann seiner Frau, die Kinder ihrer Mutter und das ganze Haus seiner immer wachsamen Hüterin beraubt" [175] würden.[176]

Das Familienideal des Katholizismus ist charakteristisch für das Leitbild der vom männlichen Ernährer abgeleiteten Sozialversicherungsleistungen. Es existiert nicht die Frau als solche, sondern nur reduziert auf ihre Funktion als Mutter. Das deutsche Alterssicherungssystem wurde im 20. Jh. maßgeblich von diesem Frauenbild geprägt und es lassen sich drei Entwicklungsphasen erkennen:

- die Phase der Ausgrenzung von Frauen aus der Erwerbsarbeit
- die Phase der Aufwertung der Mutterschaft und
- die Phase der Vereinbarung von Beruf und Familie

Obgleich Zeiten von bestimmten Phasen besonders geprägt wurden, sind es keine streng chronologischen Entwicklungen. Es gab Verschränkungen und Überschneidungen.[177]

Mit Hilfe der Familienmoral wird der weiblichen Erwerbstätigkeit zu Beginn des 20.Jh. der Kampf angesagt und zum Gegenstand von Recht und Politik. Die Arbeit der Frau in der Familie wird idealisiert. Dies zeigt sich bereits 1911, als im Zuge des Angestelltenversicherungsgesetzes die Frauen der Angestellten aufgrund ihrer Mutterschaft von einer Existenzsicherung durch Erwerbsarbeit befreit und ihnen eine Witwenrente zugesichert wurde. Eine vom Mann abhängige soziale Sicherung der Frau stand im Einklang mit dem herrschenden Leitbild von Ehe und Familie. Das Eherecht bestärkte den Mann in seiner Vormundrolle und seiner Unterhaltspflicht. Die rechtliche Konsequenz daraus waren die abgeleiteten Leistungen für die Angestellten-Witwe. Für die Arbeiterwitwe galt das abgeleitete Unterhaltsrecht jedoch bis 1949 nicht. Diese

---

175 Anderson, Bonnie S.; Zinsser, Judith P.: Eine eigene Geschichte; Frauen in Europa, Band 2, a. a. O., S. 242.

176 Vgl. Anderson, Bonnie S.; Zinsser, Judith P.: Eine eigene Geschichte; Frauen in Europa, Band 2 a. a. O., S. 240 ff.

177 Vgl. Riedmüller, Barbara: Frauen- und familienpolitische Leitbilder im deutschen Alterssicherungssystem, a. a. O., S. 37 f.

Ungleichbehandlung führte zwar zum Konflikt zwischen Arbeitern und Angestellten, wurde allerdings nicht als eine Diskriminierung der Frau thematisiert.[178]

Die Aufwertung der Mutterschaft erfuhr sogar von Seiten der Frauenbewegung Unterstützung, insofern in Deutschland (anders als z.B. in Skandinavien) dem ideellen Wert der Frauenarbeit im Hause größere Bedeutung beigemessen wurde als der Schaffung materieller Werte außerhalb des heimischen Herdes. Es war somit keine ausschließliche Erfindung des später prosperierenden Nationalsozialismus, wo aufgrund bevölkerungs- und rassenpolitischer Gründe die Mutterschaft eine besondere Ausprägung erhielt. Die ökonomischen Interessen, bedingt durch den Männermangel während des II. Weltkrieges, nahmen wie bereits in der Weimarer Republik auch nach 1945 wieder ab. Die Familienarbeit der Frau wurde vor allem in den 50er Jahren sowohl ideell als auch materiell aufgewertet. Verfestigt wurden diese gesellschaftlichen Paradigmen durch die Rentenreform von 1957, die eine vollständige Kumulierung von eigener und abgeleiteter Witwenrente ermöglichte und die Rückerstattung von Beiträgen zur Rentenversicherung nach der Eheschließung erneut einführte.[179]

Das Erwerbsmuster vor allem westdeutscher Frauen wird noch heute hauptsächlich durch das in den 50er Jahren entwickelte 3 Phasen-Modell geprägt, nach dem die Frau zunächst berufstätig ist (1. Phase), dann familienbedingt aussteigt (2. Phase), um erneut wieder einzusteigen (3. Phase), damit erworbenes Humankapital nicht verschwendet wird. Voraussetzung für das Funktionieren dieses Modells ist jedoch, dass der Arbeitsmarkt nach einem Ausstieg die Frauen wieder aufnimmt. Institutionell wurde es abgesichert durch Mutterschaftsurlaub, Erziehungsurlaub und Anrechnung von Kindererziehungszeiten in der GRV.[180]

Mit der Emanzipationsbewegung begann die Diskussion um die Vereinbarkeit von Beruf und Familie – die noch heute geführt wird. Die Erwerbstätigkeit der Frau wurde seit 1945 zwar zu einer gewissen Selbstverständlichkeit, die sozialpolitischen Rahmenbedingungen (z.B. Kinderbetreuung) blieben aber ungenügend. Unzureichend geklärt blieb am Ende des 20. Jh. auch, wie Mutterschaft sozialpolitisch bewertet werden sollte und wie nicht beitragszahlende Mütter in der Alterssicherung zu finanzieren sind. Die Benachteiligung am Arbeitsmarkt ist nach wie vor nicht überwunden und die Ehe – vor allem aufgrund der Reformen im Eherecht – erneut kein Garant für soziale Sicherung, vor allem nach einer Scheidung. Die wachsende Zahl

---

178 Vgl. Riedmüller, Barbara: Frauen- und familienpolitische Leitbilder im deutschen Alterssicherungssystem, in: Alterssicherung von Frauen, a. a. O., S. 38 ff.

179 Vgl. Riedmüller, Barbara: Frauen- und familienpolitische Leitbilder im deutschen Alterssicherungssystem; in: Alterssicherung von Frauen, a. a. O., S. 41 f.

180 Vgl. Maier, Friederike: Empirische Befunde zur Arbeitsmarktsituation von Frauen, in: Alterssicherung von Frauen, Hrsg.: Schmähl, Winfried; Michaelis, Klaus, Wiesbaden: Westedeutscher Verlag 2000, S. 83.

alleinerziehender Mütter stellt ein weiteres zu lösendes Problem dar, da diese gesellschaftliche Gruppe am stärksten armutsgefährdet ist.[181, 182]

Im geschichtlichen Rückblick wird deutlich, dass Frauen durchaus mehr oder weniger am Erwerbsleben Anteil hatten (je nach dem, inwieweit die männlichen Reglements dies zuließen) ihnen aber zumeist die Chance verwehrt wurde, eigenständigen ökonomischen Erfolg zu generieren, um sich auf diese Weise ein gesichertes Leben (auch im Alter) aufzubauen. Wohlstand war im Grunde nur durch wirtschaftliche und soziale Abhängigkeit von einem Mann realisierbar.

4.3   Erwerbsleben von Frauen heute

4.3.1   Weibliche Erwerbstätigkeit – bisher Erreichtes und die Defizite

Im Vergleich zu vergangenen Jahrhunderten hat sich die Situation der Frauen deutlich gebessert, ist aber vom Optimum noch weit entfernt. Es gibt heute weder formale Ausgrenzungen noch direkte Diskriminierungen. Grundgesetz und Arbeitsrecht erlauben jeder Frau den uneingeschränkten Zugang zum Arbeitsmarkt. Frauen unterliegen nicht mehr einer gesetzlich festgelegten Abhängigkeit bzw. Vormundschaft durch einen Mann. Sie haben Zugang zu allen Bildungseinrichtungen und verfügen inzwischen sogar häufiger über einen gehobenen Bildungsabschluss als Männer. Einer Frau steht es grundsätzlich frei, ein selbstbestimmtes Leben zu führen und zu entscheiden, ob sie Kinder großziehen oder sich im Beruf verwirklichen möchte– oder beides. [183, 184]

Was für die Frau als Mensch im Allgemeinen und als Teilnehmerin am wirtschaftlichen Geschehen im Besonderen, viele Jahrhunderte gültig war, kehrt sich jedoch nicht innerhalb weniger Jahre ins Gegenteil um. Formalen Rechten folgt erst allmählich Denken und Handeln nach. Trotz faktischer Gleichstellung, trotz ausgezeichneter Ausbildung und trotz gestiegener Integration in den Arbeitsmarkt, gibt es nach wie vor ausgeprägte geschlechtspezifische Unterschiede.

Diese Diskrepanzen sind einerseits Faktoren geschuldet, die von den Geschlechtern unterschiedlich gewichtet und gestaltet werden, als da wären:

-    Berufs- und Arbeitsplatzwahl

---

181 Vgl. Riedmüller, Barbara: Frauen- und familienpolitische Leitbilder im deutschen Alterssicherungssystem; a. a. O., S. 42 ff.

182 Vgl. Grabka, Markus M.; Frick, Joachim R.: Weiterhin hohes Armutsrisiko in Deutschland: Kinder und junge Erwachsene sind besonders betroffen, Online im Internet: http://www.diw.de/documents/publikationen/73/diw_01.c.347307.de/10-7-1.pdf, S. 2.

183 Vgl. Neue Wege – Gleiche Chancen, a. a. O., S. 212.

184 Vgl. Kreienkamp, Eva; Frisch, Gerda; Gabrysch, Julia: Frauen und ihre Altersvorsorge. a. a. O., S. 4.

- Gestaltung und Wertung einer Berufslaufbahn
- Engagement für Belange des Familienlebens

Andererseits erschweren äußere Bedingungen die Gleichstellung der Frau im Erwerbsleben und stützen einen noch unbefriedigenden Status Quo. Dies sind:

- institutionelle Regelungen
- mangelhafte soziale Dienstleistungen
- Arbeitsmarktstrukturen
- traditionelle Rollenbilder.[185]

Im Folgenden wird versucht, diese Hemmnisse für eine eigenständige Existenzsicherung herauszuarbeiten. Es werden vorwiegend Daten und Fakten westdeutscher Frauen verwandt und auf die Erwähnung von Unterschieden zu Ostdeutschland verzichtet, obgleich diese insofern bestehen, als ostdeutsche Frauen wesentlich besser in das Erwerbsleben integriert sind und konsequenterweise höhere Renten generieren.[186]

4.3.2 Berufs- und Arbeitsplatzwahl

Die weibliche Erwerbsbeteilung ist in den letzten Jahren stark angestiegen, gerade auch bei verheirateten Frauen und Müttern. Gemessen an Vollzeitäquivalenten ist das Erwerbsvolumen von Frauen insgesamt jedoch gleich geblieben und hat sich lediglich auf eine größere Zahl erwerbstätiger Frauen verteilt. Das erklärt sich dadurch, dass der gestiegene Anteil weiblicher Erwerbstätiger auf geringfügiger Beschäftigung oder Teilzeitarbeit basiert. Beide Formen sind denkbar ungeeignet zur dauerhaften Existenzsicherung und zumeist in Form des Zuverdiener-Modells als vorübergehendes Vereinbarungsinstrument für verheiratete Frauen mit Kindern gedacht. Oftmals erweisen sich diese Übergangsregelungen als erwerbsbiografische Fallen, die sich als irreversibel entpuppen. Minijobs stellen selten einen Übergang zu sozialversicherungspflichtiger Beschäftigung dar und Frauen in Teilzeitarbeitsplätzen wünschen sich tendenziell eher längere Arbeitszeiten.[187]

Seit 1998 hat sich die Zahl unfreiwilliger Teilzeitbeschäftigter nahezu verdoppelt. Im Jahr 2008 waren 46 % aller erwerbstätigen Frauen in Teilzeit beschäftigt, im Vergleich zu nur 9 % der männlichen Erwerbstätigen. Während weibliche Teilzeitbeschäftigte im Durchschnitt weniger als die Hälfte einer Vollzeitstelle ausfüllt, gibt es bei männlichen

---

185 Vgl. Neue Wege – Gleiche Chancen, a. a. O., S. 89.

186 Vgl. Riedmüller, Barbara; Schmaleck, Ulrike: Eigenständige Alterssicherung von Frauen, Bestandsaufnahme und Handlungsbedarf, a. a. O., S. 12 f.

187 Vgl. o.V.: Neue Wege – Gleiche Chancen, a. a. O., S. 91 f.

Arbeitnehmern einen deutlichen Überstundenüberhang von durchschnittlich 41,7 Wochenstunden (2008) im Vergleich zu einer regulären Wochenarbeitszeit von 40 Stunden. Prinzipiell gilt: Je mehr Kinder ein Mann hat, desto länger arbeitet er. Je mehr Kinder eine Frau hat, desto weniger arbeitet sie (erwerbsmäßig!).[188]

Präferenzen für bestimmte Berufsbilder und Arbeitsverhältnisse prägen Einkommen und Karriere der Geschlechter. Frauen arbeiten signifikant häufiger in Bereichen, die schlechter entlohnt werden als Tätigkeiten in männlichen Domänen. Obgleich die Erwerbstätigkeit von Frauen stark gewachsen ist, verdingen sich Frauen weitgehend in „kleinen Arbeitsverhältnissen", die keine eigenständige Existenzsicherung garantieren. Das Risiko für eine Frau niedrig entlohnt zu werden, ist doppelt so hoch wie für einen Mann, so lag 2007 der Anteil der gering bezahlten Frauen bei fast 30 % (für Männer bei knapp 14 %). Frauen erhalten im Durchschnitt bis zu 23 % weniger Stundenlohn als Männer. Dieses Missverhältnis ist in kaum einem europäischen Land so groß wie in Deutschland. Derartige Nachteile lassen sich nur z.T. auf schlechtere Qualifikation oder mangelnde Berufserfahrung zurückführen, denn immer noch herrschen auch schwer zu erfassende diskriminierende Faktoren vor. Teilzeitarbeit oder Minijobs können zu erwerbsbiografischen Fallen oder Sackgassen werden, wenn sie in bestimmten Lebensphasen zwar als Vereinbarungsinstrument gewünscht waren, später aber keine Option zur Vollzeitbeschäftigung geboten wird. Auch Frauen, für die Mutterschaft oder vorübergehender Ausstieg aus dem Berufsleben keine Option darstellt, müssen Nachteile in Kauf nehmen, da aufgrund des herrschenden Rollenverständnisses und der damit verbundenen Erwartungshaltung Arbeitgeber qualifizierte Frauen weniger coachen. Zuverdiener-Jobs erweisen sich spätestens bei einer Scheidung, der Arbeitslosigkeit des Ehepartners oder dessen Versterben als für die Existenzsicherung unergiebig und für die spätere Altersvorsorge völlig unzureichend.[189]

Frauen arbeiten häufig in sozialen oder personenbezogenen Dienstleistungsbereichen als Helferinnen oder Assistentinnen mit schlechten Verdienstmöglichkeiten. 80 % der Frauen sind im Dienstleistungsgewerbe beschäftigt. Diese Branchen wurden in den letzten Jahren vermehrt von der allgemeinen Einkommensentwicklung abgeschnitten. So stiegen bspw. die Tarifverdienste in Deutschland von April 2010 bis April 2011 um im Schnitt insgesamt 1,5 %, während sie sich im Sozial- und Gesundheitswesen (einer Frauen-Domäne) im gleichen Zeitraum um nur 0,5 % erhöhten. Die Privatwirtschaft konnte einen vergleichsweise hohen Anstieg um 2,1 % aufweisen, wobei Energieversorgung und verarbeitendes Gewerbe (Männerdomänen) Steigerungen um 2,5 % bzw. 2, 3 % verzeichneten. Was die Korrelation zwischen Ausbildungsniveau

---

188 Vgl. o. V. :Neue Wege – Gleiche Chancen, a. a. O., S. 133 f.
189 Vgl. o. V.: Neue Wege – Gleiche Chancen, a. a. O., S. 7 f.

und Erwerbsbeteiligung betrifft, so besteht ein eindeutig positiver Zusammenhang. Je höher der Bildungsstand, umso höher das Arbeitszeitvolumen. Bei hochqualifizierten Frauen nähert sich die Erwerbstätigenquote (76 %) an die der männlichen (86 %). Diese Gruppe der Frauen weist aber auch eine wesentlich niedrigere Geburtenrate auf. [190, 191, 192]

4.3.3 Freiwillige und unfreiwillige Gewichtung von beruflichem Engagement

Weibliche Erwerbsbiografien sind deutlich stärker von Diskontinuitäten geprägt als männliche. Diese Brüche beeinträchtigen Aufstiegs- und Verwirklichungschancen sowie Einkommensmöglichkeiten und hinterlassen Lücken im Rentenaufbau. Ursächlich hierfür sind häufige, z.T. lang andauernde Ausstiege oder Teilausstiege für Belange des Familienlebens (Kindererziehung, Angehörigenpflege, Hausarbeit). Brüche gehen einher mit prekären Arbeitsverhältnissen wie Minijobs, Teilzeitbeschäftigungen oder Befristungen. Die Antizipation von familienbedingten Auszeiten veranlasst Arbeitgeber weniger in die Fort- und Weiterbildung von Frauen zu investieren, auch bei Frauen, die keine Familiengründung beabsichtigen. Frau sein, d.h. potentielle Mutter sein, stellt eindeutig ein Wettbewerbsnachteil dar.[193]

Der Wechsel von Phasen der Familienarbeit mit Phasen der Berufstätigkeit kann Chance zur Selbst- und Sinnfindung sein, womöglich zu mehr Lebenszufriedenheit beitragen, aber auch berufliche Verwirklichungschancen blockieren, vor allem verhindert er jedoch eine eigenständige Existenzsicherung. Nach einer Studie des Roman-Herzog-Instituts sind nicht-berufstätige Frauen mit ihrem Leben zufriedener als berufstätige. Dies muss kein Widerspruch zu Ergebnissen anderer Studien sein, die belegen, dass Frauen in Teilzeitarbeitsplätzen ihre Arbeitszeiten gerne aufstocken würden. Konkrete Arbeitssituationen können als unbefriedigend empfunden werden, obwohl grundsätzlich mehr Engagement vorhanden ist. Schlechte Bezahlung, Über- oder Unterforderung und Doppelbelastung durch Haus- und Kinderarbeit. können demotivierend wirken.[194]

---

190 Vgl. o. V.: Neue Wege – Gleiche Chancen, a. a. O. S. 7 f.

191 Vgl. o.V.: Pressemitteilung Nr. 282; Tarifverdienste im April 2011, Online im Internet: http://www.destatis.de/jetspeed/portal/cms/Sites/destatis/Internet/DE/Presse/pm/2011/07/PD11__28 2__622,templateId=renderPrint.psml, 26.09.2011

192 Vgl. Riedmüller, Barbara; Schmaleck, Ulrike: Eigenständige Alterssicherung von Frauen, Bestandsaufnahme und Handlungsbedarf, a. a. O., S. 14 f.

193 Vgl. o. V.: Neue Wege – Gleiche Chancen, a. a. O., S. 8 f und 213.

194 Vgl. Nohn, Corinna: Überforderte Doppelverdiener, in: Süddeutsche Zeitung, Nr. 210, 12.09 2011, S. 6.

Der Anteil von Frauen in Führungspositionen fällt, gemessen an ihrer Erwerbsbeteiligung, verhältnismäßig gering aus. In der Privatwirtschaft konnte in den Jahren zwischen 1995 und 2010 ein kontinuierlicher Anstieg der Quote weiblicher Führungskräfte von 8,2 % auf 19,6 % in den ersten und zweiten Führungsebenen verzeichnet werden, nicht jedoch im Topmanagement. Nur 2,5 % der Vorstandsmitglieder der 200 größten deutschen Unternehmen sind Frauen, bei einem Anteil von 45 % der BWL-Studierenden. Das ist um so erstaunlicher, als nachgewiesenermaßen ein positiver Zusammenhang zwischen einem hohen Frauen-Anteil im Top-Management und der Leistungsfähigkeit der Unternehmen besteht. So wurde bspw. die jüngste Krise von derart geführten Betrieben besser bewältigt. Jede qualifizierte Frau, die nicht ihren Fähigkeiten entsprechend eingesetzt wird, bringt Nachteile für wirtschaftliches Wachstum. Die Gründe für diese Unterrepräsentation sind vielfältig. Es mangelt Frauen nicht an Kompetenz und Qualifikation, auch nicht für Aufgaben im gehobenen Management. Sie sind jedoch seltener bereit, „Zeit und Energie bedingungslos in ihre Karriere zu stecken" [195], weil sie eher Prioritäten zugunsten der Familie setzen. Diese freiwillige Selbst-Ausgrenzung belegen auch Untersuchungen, die zu dem Schluss führten, dass Männer und Frauen unterschiedliche Wertvorstellungen von Arbeit und deren Sinnhaftigkeit haben. Die bewusste Entscheidung talentierter Frauen gegen lukrative Arbeitsplätze (z.B. in der IT-Branche) kann durchaus auch als eine Form der Emanzipation gesehen werden.[196, 197, 198]

Andererseits herrscht durchaus eine Stimmung der Diskriminierung, u.a. hervorgerufen durch Geschlechterstereotype, die Frauen die Kompetenz von als männlich definierter Führungsqualität in Abrede stellt. Auch die Macht sog. Old Boys Networks (Männerbünde) darf nicht außer Acht gelassen werden, die es nicht nur Frauen erschweren, deren Domäne zu durchdringen. Weiterhin sind die Arbeitsstrukturen von Führungspositionen stark an männliche Lebensmuster orientiert, die frei von familiären Verpflichtungen organisiert werden können. Diskriminierungen schaden den Betroffenen nicht nur direkt, indem eine gewünschte Arbeitsstelle nicht erhalten wird, sondern auch indirekt, indem die geringere Auswahl an gewünschten Arbeitsplätzen die Verhandlungsmacht schmälert. Dies ist ein weiteres Element für das Klaffen des Gender Pay Gap (durchschnittlicher Unterschied der Stundenlöhne von Männern und Frauen).[199, 200, 201]

195 Vgl. Engeser, Manfred: Umgekehrte Diskriminierung- Interview mit Manfred Gentz, in: WirtschaftsWoche, Nr. 14, 04.04.2011, S. 109.

196 Vgl. Zimmermann, Klaus: Neues Bewusstsein, in: WirtschaftsWoche, Nr. 36, 16.09.2011, S. 48.

197 Vgl. Engeser, Manfred: Umgekehrte Diskriminierung- Interview mit Manfred Gentz, a. a. O., S. 109.

198 Vgl. Brinck, Christine: Job, Kind, Haus, und du bist raus, in: Süddeutsche Zeitung, Nr. 59, 12./13.03 2011, S. V2/3.

199 Vgl. Häring, Norbert: Markt und Macht – Was Sie schon immer über die Wirtschaft wissen wollten, aber bisher nicht erfahren sollten, Stuttgart: Schäffer-Poeschel 2010, S. 188 f.

4.3.4 Zeitverwendung für Familiensorge

Zeitbudgeterhebungen und Umfragen zu Arbeitszeitwünschen sind aufschlussreich hinsichtlich der Zeitverwendungsmuster der Geschlechter. Bei Männern dominiert die haushaltsexterne Erwerbsarbeit und bei Frauen die haushaltsinterne Haus- und Sorgearbeit. Die höhere Zeitbindung für hausinterne Arbeit besteht auch dann, wenn die Frau erwerbstätig ist und steigt mit wachsender Kinderzahl. Bei verheirateten Paaren zeigt sich im Verlauf der Ehe die Tendenz zu Re-Traditionalisierung familiärer Arbeitsteilung und führt zu z.T. massiver Doppelbelastung. Nach wie vor sind es Frauen, die Kinderbetreuung, Erwerbsleben, Hausarbeit und ggf. Pflege bedürftiger Angehöriger jonglieren müssen. Die Ungleichverteilung ist teilweise dem hohen Arbeitsvolumen geschuldet, dem männliche Arbeitskräfte freiwillig oder unfreiwillig ausgesetzt sind, aber auch ihrer mangelnden Bereitschaft sich im häuslichen Umfeld vermehrt zu engagieren. Grundsätzlich hängt berufliches Engagement bei Frauen eng mit ihrer familiären Situation zusammen, während bei Männern dies nicht der Fall ist. Die Geburt eines Kindes veranlasst die wenigsten Männer dazu ihre Arbeitszeit zu verkürzen oder gar einige Jahre auszusetzen. Bei Frauen hingegen führt die Geburt nahezu zwangsläufig zu geringerer Erwerbstätigkeit und kürzeren Arbeitszeiten, wobei es deutliche Unterschiede im Verhalten von hochqualifizierten und weniger qualifizierten Frauen gibt. Trotzdem wird unabhängig von Bildungsniveau, externen Arbeitsvolumen und Einkommen der Frau der überwiegende Teil der Hausarbeit und Kinderbetreuung von ihr geleistet. Obgleich gut verdienende Akademikerinnen diese Arbeiten häufiger an kommerzielle Dienstleister delegieren, obliegt auch ihnen die Verantwortung für diesen Part.[202, 203, 204, 205]

Geburtsbedingte Unterbrechungen führen zu deutlichen Lohneinbußen, d.h. nicht nur zu Einkommensverlusten in der Zeit der Unterbrechung, sondern auch nach dem Wiedereinstieg, da nach Pausen die Berufserfahrung sinkt und infolgedessen die Verhandlungsmacht geschwächt wird. Es gilt: Je länger die Auszeit, desto stärker der Verlust. Zur Illustration in welchen Größenordnungen sich die Einkommenseinbußen bewegen, seien drei fiktive Frauen gleicher Bildung und gleichen Alters gegenübergestellt:[206]

---

200 Vgl. Kreienkamp, Eva; Frisch, Gerda; Gabrysch, Julia: Frauen und ihre Altersvorsorge, a. a. O., S. 13 f.

201 Vgl. o. V.: Neue Wege – Gleiche Chancen, a. a. O.:, S. 107 f.

202 Vgl. o. V.: Neue Wege – Gleiche Chancen, a. a. O., S. 8 f.

203 Vgl. o. V.: Neue Wege – gleiche Chancen, a. a. O., S. 152 f.

204 Vgl. o. V.: Neue Wege – Gleiche Chancen, a. a. O., S. 96.

205 Vgl. o. V.: Neue Wege – Gleiche Chancen, a. a. O., S. 158.

206 Vgl.: Riedmüller, Barbara; Schmaleck, Ulrike: Eigenständige Alterssicherung von Frauen, Bestandsaufnahme und Handlungsbedarf, a. a. O., S. 16.

Alter 30 Jahre, Bruttoverdienst bis zum 46. Lebensjahr, Erstgeburt mit 30 Jahren

Frau A:

Vollzeit, ohne Unterbrechung, ohne Verluste

Frau B:

3 Jahre Auszeit	= - 80.511 Euro Verlust
3 Jahre Teilzeit	= - 40.682 Euro Verlust
Lohnverlust nach Rückkehr zur Vollzeit	= - 72.807 Euro Verlust
Gesamt	= - **193.900 Euro Verlust**

Frau C:

3 Jahre Teilzeit	= - 33.382 Euro Verlust
Lohnverlust nach Rückkehr zur Vollzeit	= - 49.444 Euro Verlust
Gesamt	= - **82.826 Euro Verlust**

Diese Berechnungen machen deutlich, dass bereits wenige Jahre Teilzeit zu deutlichen Verlusten führen, die sich konsequenterweise auch auf die Rentenanwartschaften auswirken. Bei der Berücksichtigung von Kindererziehungszeiten werden zwar Entgeltpunkte eines Durchschnittverdienstes gutgeschrieben, aber die Einbußen, die sich aus der später schwächeren Position bei Gehaltsverhandlungen ergeben, können dadurch nicht ausgeglichen werden. Da nur der Durchschnittsverdienst als Grundlage dient, gehen damit auch Entgeltpunkte verloren, die sich aus einem überdurchschnittlichen Lohn ergeben hätten, wenn die Frau nicht ausgesetzt hätte.

4.3.5   Traditionelle Rollenbilder und mangelnde Dienstleistungen

Wesentlich für das gehemmte Weiterkommen im Berufsleben ist für Frauen die mangelnde Vereinbarkeit von Beruf und Familie. Die Ursachen dafür sind zum Einen verkrustete Rollenbilder, der sorgenden und aufopfernden Mutter und zum Anderen die in der Folge nicht ausreichend vorhandenen Betreuungsangebote. Noch immer wird von berufstätigen Müttern erwartet, dass sie selbst dafür Sorge tragen Kinder und Beruf in Einklang zu bringen. Unterstützung finden Frauen weder im häuslichen Bereich noch durch eine ausreichende Infrastruktur in der Öffentlichkeit. Die Vereinbarkeit von Familie und Beruf wird daher seit vielen Jahren zu einem überwiegenden Maße über weibliche Teilzeitarbeit gewährleistet. Auf diese Weise werden auch Puffer für nicht kalkulierbare Ereignisse im Familienleben geschaffen. So sind es Frauen, die bei Krankheit des Kindes einspringen und das Familienleben alleine organisieren, wenn der Ehepartner auf Geschäftsreise ist oder Überstunden absolviert.[207, 208]

---

207 Vgl. Kreienkamp, Eva; Frisch, Gerda; Gabrysch, Julia: Frauen und ihre Altersvorsorge, a. a. O., S. 3.

Kinderbetreuungseinrichtungen setzen zum großen Teil eine Teilzeitbeschäftigung der Mütter voraus. Die Arbeitszeitstruktur vieler Betriebe ist noch starr und selten werden die Öffnungszeiten von Kindereinrichtungen berücksichtigt. Geschlechterstereotype erschweren es männlichen Arbeitnehmern einen Teil der Sorgearbeit zu übernehmen, geben willige Männer der Lächerlichkeit preis und schließen sie aus Karriereprogrammen aus. Weibliche Arbeitnehmerinnen müssen mit Geringschätzung, rechnen. Es wird ihnen oftmals gar der Stempel der verantwortungs- und lieblosen Frau aufgedrückt, wenn berufliches Weiterkommen eine mindestens ebenso wichtige Rolle für sie spielt wie das Familienleben. In Lebensverlaufsanalysen zeigt sich dann aber, dass insbesondere Frauen, die in traditionell organisierten Partnerschaften leben, nur mit großen Schwierigkeiten Wechselfälle wie Scheidung oder das Versterben des Ehepartners bewältigen können.[209]

4.3.6 Institutionelle Regelungen und Arbeitsmarktstrukturen

Rechtliche Regelungen prägen und unterstützen Rollenerwartungen und Entscheidungen, sie müssen daher mit besonderer Sorgfalt entwickelt, ggf. modifiziert werden, wenn gesellschaftlicher Wandel dies notwendig macht. Die Definition von Gleichberechtigung der frühen Bundesrepublik erkannte zwar die Gleichwertigkeit von Mann und Frau an, jedoch unter der Prämisse der Andersartigkeit der Geschlechter und prägte damit das Leitbild der Arbeitsteilung: Der Mann als Ernährer in der Erwerbswelt und die Frau als Mutter in der häuslichen Sphäre. Eine Weiterentwicklung zwar, aber keine grundlegende Modifizierung der traditionellen Sicht. Dieses Paradigma ist noch heute erkennbar im Sozial- und Steuerrecht, wo Sorgezeiten der Frau vorgesehen sind. Dies äußert sich u.a. in der Mitversicherung der Ehepartner in der gesetzlichen Krankenversicherung, der Hinterbliebenenversorgung im Rentenrecht, in der Förderung von geringfügigen Beschäftigungen und im Ehegattensplitting im Steuerrecht. Jüngste Modifizierungen z. B. die Berücksichtigung rentenrechtlicher Erziehungszeiten, gehen jedoch vermehrt von vorübergehenden Phasen aus und schaffen somit Anreize auf eine grundsätzliche Erwerbstätigkeit der Frauen.[210]

Die Arbeitsmarktstrukturen sind trotz vermehrter Bemühungen von Unternehmen zu mehr Familiefreundlichkeit insgesamt noch dem Bild des männlichen Ernährers, der dem Unternehmen (auch zeitlich) vollständig zur Verfügung steht, und der Frau, die aufgrund der Familiensorge nur phasenweise einsetzbar ist, verhaftet. Vor allem die

---

208 Vgl. Kreienkamp, Eva; Frisch, Gerda; Gabrysch, Julia: Frauen und ihre Altersvorsorge, a. a. O., S. 28.
209 Vgl. o. V.: Neue Wege – Gleiche Chancen, a. a. O., S. 7 f.
210 Vgl. o. V.: Neue Wege – Gleiche Chancen, a. a. O., S. 4 f.

Flexibilisierung von Arbeitszeiten und die Förderung karrierewilliger Frauen liegen noch im Argen. Solange auf diese Weise Verwirklichungschancen verhindert werden, werden auch volkswirtschaftliche wertvolle Ressourcen vergeudet.[211]

5   Konsequenzen für die Altersicherung

Da die gesetzliche Altersversorgung in Deutschland eng an eine Erwerbstätigkeit geknüpft ist, nur in einem Arbeitsverhältnis stehende Personen von Betriebsrenten profitieren und auch private Vorsorge liquide Mittel voraussetzt, ist regelmäßiges Einkommen sowohl für individuelle als auch institutionalisierte Alterssicherung elementar. Insofern ist eine dauerhafte, lückenlose und vor allem auch lukrative Erwerbsbiografie unerlässlich. Es wurde im vorangegangenen Kapitel deutlich, dass es weiblichen Erwerbsverläufen im allgemeinen auch heute noch an diesen Elementen mangelt. Derzeit erzielen diejenigen Rentnerinnen die höchsten Alterseinkommen, die eine eigenständige Rente mit einem abgeleiteten Anspruch nach dem Tod ihres Ehemannes kumulieren können. 30,4 % der Rentnerinnen der GRV beziehen mehr als eine Rente (89 % der Mehrfachrentenbezieher sind Frauen) und kommen damit im Durchschnitt auf einen Rentenbetrag von 1.110 €, während ein Einzelrentner im Schnitt lediglich 763 € erhält. Für eine Frau ist demnach Wohlstand am ehesten erreichbar, wenn sie am Einkommen eines Mannes partizipiert. Das sollte weder im Sinne es Mannes noch der Frau sein und widerspricht dem anzustrebenden Paradigma der Eigenverantwortlichkeit und Eigenständigkeit.[212, 213]

Ein weibliches Pendant zum Eckrentner, der seine Rente aus 45 Erwerbsjahren und einem mindestens durchschnittlichen Einkommen generiert, gibt es nicht. Im Durchschnitt kommen westdeutsche Frauen auf nur 27 Erwerbsjahre, ostdeutsche auf 38 Jahre. Weiblichen Rentnerinnen in Westdeutschland mangelt es im Vergleich zu ihren männlichen Altersgenossen am Zeitfaktor von durchschnittlich 13,7 rentenrechtlich relevanten Jahren und am Einkommensfaktor von 0,26 Entgeltpunkten pro Jahr. Die durchschnittliche Rentenhöhe für westdeutsche Frauen betrug 2009 487 €, für Männer 990 €. Nur 3 % der Frauen (Westdeutschland) erreichten eine eigenständige Rente in Höhe von 1.200 €, während 35 % der Männer (Westdeutschland) eine solche Rentenhöhe für sich beanspruchen konnten. Weniger als 450 € erhalten fast die Hälfte der westdeutschen Frauen. Es gibt einen eindeutig negativen Zusammenhang zwischen der Zahl der Kinder, die eine Frau groß gezogen hat und ihrem eigenständigen

---

211 Vgl. o.V.: Neue Wege – Gleiche Chancen, a. a. O., S. 8.
212 Vgl. o. V.: Neue Wege – Gleiche Chancen, a. a. O., S. 181.
213 Vgl. o. V.: Rentenversicherungsbericht 2010, a. a. O., S. 19 f.

Rentenanspruch. Frauen mit vier und mehr Kindern erreichen nur 68 % des durchschnittlichen Alterseinkommens von Frauen ohne Kinder. Bei Männern gibt es keinen derartigen Zusammenhang. Bezüglich der nachteiligen Wirkung von Erwerbsunterbrechungen ist auch der Zeitpunkt, an denen diese stattfinden, von Bedeutung. Brüche zu Beginn eines Erwerbslebens führen zu höheren Einbußen im Lebenseinkommen als solche in späteren Phasen. Obgleich die absoluten Verluste für ältere Arbeitnehmer höher sind, führt eine frühe Unterbrechung häufig zu prekärer Beschäftigung oder schlechter Bezahlung und damit zu einem dauerhaften Lohnverlust. Da die Gebärfähigkeit naturgemäß auf die erste Lebenshälfte beschränkt bleibt, finden die ersten Erwerbsbrüche bei Frauen bereits in dieser Lebensphase statt.[214, 215, 216]

Die zweite Säule der Alterssicherung, die betriebliche Rente verstärkt die Einkommensunterschiede von Mann und Frau zusätzlich, da diese typischerweise noch stärker auf eine dauerhafte Erwerbstätigkeit und das daraus erzielte Gehalt anknüpfen. Zudem profitieren vor allem männerdominierte Bereiche von diesen Sozialleistungen der Arbeitgeber. Nach einer Untersuchung der Infratest Sozialforschung aus dem Jahr 2009 bezogen Rentner im Durchschnitt 490 € und Rentnerinnen 214 € Betriebsrente im Monat. Kindererziehungszeiten werden selten in Betriebsrentensystemen berücksichtigt und frühe kinderbedingte Erwerbsaustiege können zum Verfall von Anwartschaften führen.[217, 218]

Was die private Vorsorge betrifft, so haben die seit 2006 geltenden Unisextarife bei den Riester-Verträgen dazu geführt, dass Frauen keine zusätzlichen Einbußen mehr aufgrund ihrer höheren Lebenserwartung hinnehmen müssen. Sie profitieren zudem von den kinderbedingten höheren Zulagen (rund 23 € mehr als bei Männern). Dieser Vorteil muss jedoch im Verhältnis zu den vergleichsweise größeren Nachteilen gesehen werden, die Frauen bzgl. Betriebsrenten, in der GRV und der allgemeinen Absenkung des GRV-Rentenniveaus hinnehmen müssen. In all diesen Bereichen sind Frauen eklatant stärker negativ betroffen als Männer.[219]

Eingebunden in ein erwerbsorientiertes Alterssicherungssystem, dem sie (noch) nicht gerecht werden können, sind gerade solche Frauen besonders von Altersarmut bedroht,

---

214 Vgl. Riedmüller, Barbara; Schmaleck, Ulrike: Eigenständige Alterssicherung von Frauen, Bestandsaufnahme und Handlungsbedarf, a. a. O., S. 17 f.

215 Vgl. o. V.: Neue Wege – Gleiche Chancen, a. a. O., S. 179 f.

216 Vgl. Strauß, Susanne; Ebert, Andreas: Langfristige Konsequenzen von Erwerbsunterbrechungen auf das Lebenseinkommen – bildungs- und geschlechtsspezifische Unterschiede, Online im Internet: forschung.deutsche-rentenversicherung.de: band_55_2010_strauss_ebert.pdf., 30.09.2011, S.227 f.

217 Vgl. o. V.: Neue Wege – Gleiche Chancen, a. a. O., S. 181.

218 Vgl. Riedmüller, Barbara; Schmaleck, Ulrike: Eigenständige Alterssicherung von Frauen, Bestandsaufnahme und Handlungsbedarf, a. a. O., S. 22.

219 Vgl. o. V.: Neue Wege – Gleiche Chancen, a. a. O., S. 180.

die nicht durch das Modell Ehe abgesichert sind. Eine politische Strategie, die lebenslang Erwerbstätige im Alter bevorzugt absichert, vernachlässigt dabei den zweiten wichtigen Stützpfeiler einer funktionierenden Volkswirtschaft, die Lebensbiografien von Personen (Frauen, Müttern), die die kommenden Generationen großziehen. Die GRV, aber auch die beiden anderen Säulen der Alterssicherung sind keineswegs neutral gegenüber alternativen Lebensverläufen und orientieren sich noch immer am Modell des männlichen Ernährers mit abgeleiteten Ansprüchen für die von kinderbedingten Erwerbsunterbrechungen betroffene Ehefrau.[220]

Die Prognosen über die Entwicklung von Altersarmut in den kommenden Jahren rechnen vorwiegend mit weiblichen Betroffenen. Lt. Renate Köcher, Geschäftsführern des Instituts für Demoskopie Allensbach, ist „Altersarmut zurzeit ein zahlenmäßig begrenztes Problem".[221] Sie rechnet nicht mit einer kurzfristigen Erhöhung. Dennoch existiere ein Risiko, insbesondere für Frauen, die in Teilzeit oder Minijobs erwerbstätig sind, da hier – zusätzlich zu den geringen Anwartschaften für die GRV - der finanzielle Spielraum für eigenverantwortliche kapitalgedeckte Altersvorsorge fehle. Auch für das Deutsche Institut für Wirtschaftsforschung stellt Altersarmut derzeit kein akutes Problem dar, obgleich die SOEP-gestützen Daten (Zeitraum 1998 – 2008) einen rasanten Anstieg von Armut bei Alleinerziehenden und Kindern erkennen lassen und daher dringend zu mehr Investitionen in die Infrastruktur von Kinderbetreuung raten. Deutlich pessimistischer äußert sich Peter König, Friedrich-Ebert-Stiftung, der aufgrund der jüngsten rentenpolitischen Reformen für alle Erwerbstätigen ein erhöhtes Risiko der Verarmung im Alter sieht. Unbestritten ist aber für alle Autoren, dass die Situation von Frauen, vor allem aber Alleinerziehenden prekär ist und akuter Intervention bedarf. Frauen, die in der Erwerbstätigenphase bereits akut armutsgefährdet sind, werden schwerlich in der Lage sein, für ihr Alter ausreichend vorzusorgen.[222, 223]

6   Maßnahmen zur Erhöhung der Altersbezüge von Frauen

6.1   Zielsetzung

Alterssicherung ist Teil der sozialen Systeme eines Staates, deren Aufgabe es ist, dem Einzelnen in schwierigen Situationen Unterstützung zukommen zu lassen, damit die

---

220 Vgl. o. V.: Neue Wege – Gleiche Chancen, a. a. O., S. 184 und 187 f.

221 Köcher, Renate: Anreize setzten, in: WirtschaftsWoche Nr. 38, 19.09.2011, S. 48.

222 Vgl. Grabka, Markus M.; Frick, Joachim F.: Weiterhin hohes Armutsrisiko in Deutschland, a. a. O., S. 11.

223 Vgl. Riedmüller, Barbara; Schmaleck, Ulrike: Eigenständige Alterssicherung von Frauen, Bestandsaufnahme und Handlungsbedarf, a. a. O., S. 3.

Gemeinschaft von Problemen, die sich ansonsten daraus ergeben würden entlastet wird. Gesellschaften, die für die Versorgung ihrer Alten sorgen, würdigen damit auch die Verdienste, die diese Menschen im Verlauf ihres Lebens der Gemeinschaft erbracht haben.

Vorsorge kann vom Einzelnen selbst oder durch das Kollektiv der Sozialsysteme eines Staates oder durch beide getroffen werden. Die Altersvorsorge in Deutschland beruht auf drei Säulen, einer privaten, einer betrieblichen und einer kollektiven, der GRV. Für einen Großteil der Frauen kommen die beiden ersten Säulen (privat und betrieblich) aufgrund ihrer heiklen Erwerbs- und Einkommenssituation nur bedingt in Frage. Aber auch das System der GRV birgt Mängel im Hinblick auf die typisch weiblichen Lebensbiografien.

Das Ziel einer umfassenden und ausreichenden Altersversorgung sollte sein, allen Personen - Männern wie Frauen - eine gerechten Versorgung im Alter zugute kommen zu lassen. Gerecht ist ein schwer zu definierender Begriff und noch schwerer ist es ihm zu genügen. Ein System, dass sich an sozialpflichtigen Bruttoverdiensten orientiert, macht es sich zu einfach. Es wird hierbei zwar die Wertschöpfung berücksichtigt, die ein Erwerbstätiger erbringt, aber es übergeht all diejenigen, die der Gesellschaft Leistungen erbringen, die nicht monetär erfasst werden (können). Dazu gehören neben ehrenamtlichen Tätigkeiten, private Pflege von Angehörigen und das weite Feld der Betreuung eigener Kinder. Ein gerechteres System sollte die Gruppe dieser Personen schon deshalb nicht unberücksichtigt lassen, weil ohne diese Leistungen eine Gesellschaft nicht funktionieren kann.

Leitbild sollte **Toleranz und Wertschätzung** gegenüber den verschiedenen Lebensentwürfen der Menschen sein. Mann wie Frau sollten nach ihren Fähigkeiten und Neigungen ihr Leben bestimmen können. Nur so ist sicher gestellt, dass jeder für sich und die Gemeinschaft den bestmöglichen Beitrag leisten kann. Davon profitiert sowohl der Einzelne als auch die Gemeinschaft. Staat und Politik sollten den **Rahmen bilden**, so dass jeder die gleichen **Verwirklichungschancen** hat. Dies impliziert nicht nur formale Kriterien (z.B. durch Gesetze), sondern auch die tatsächlichen Bedingungen zu gestalten und neuen Lebensmodellen und Rollenmustern gesellschaftliche Wertschätzung zu zollen. Konkret bedeutet dies bspw. Müttern ihre Berufstätigkeit zu ermöglichen ohne ihnen das Etikett der „Rabenmutter" zu verpassen.[224]

Ein weiteres wichtiges Ziel ist die Hinführung zur **Eigenverantwortung**, d.h. jeden erwachsenen Menschen, in die Lage zu versetzten, für sich selbst zu sorgen, um sowohl für unerwartete Ereignisse als auch sein Alter gewappnet zu sein. Berücksichtigt werden

---

224 Vgl. o. V.: Neue Wege – Gleiche Chancen, a. a. O., S. 3.

muss, dass es Menschen gibt, die im Vertrauen auf bestehende Regelungen und Anschauungen irreversible Entscheidungen im Verlauf ihres Lebens getroffen haben, die dieser Eigenständigkeit entgegenstehen. Diesem Faktum muss Rechnung getragen werden, indem diesen Personen **Bestandsschutz** geltender Regelungen zugesichert wird. Dies betrifft bspw. Frauen, die sich als Hausfrau und Mutter auf die Versorgung durch ihren Ehemann verlassen haben.[225]

Grundsätzlich und in erster Linie muss, was die Alterssicherungsproblematik der Frauen betrifft, am Arbeitsmarkt und in der Familienpolitik angeknüpft werden. Reformen in der Rentenpolitik allein können nur Stückwerk bleiben.[226]

6.2 Renten-, steuer- und sozialpolitisch notwendige Maßnahmen

Eine **Höherbewertung der Teilzeit- und Niedrigeinkommen bei der Rentenberechnung**, die über die bisherigen Regelungen der Erziehungszeiten hinausgeht, könnte sowohl betroffene Frauen vor Altersarmut schützen, als auch ein Anreiz für Männer darstellen, sich ebenfalls an der Betreuung ihrer Kinder durch vorübergehende Arbeitszeit-Reduzierung zu beteiligen. Finanzieren ließe sich dieses Modell, indem innerhalb der Versicherten Umverteilungen zugunsten der Geringverdiener vorgenommen werden, d.h. Bezieher von höherem Einkommen müssten Abschläge bei ihren Renten hinnehmen, zugunsten derjenigen, die ihre Erwerbstätigkeit für Kinderbetreuung eingeschränkt haben. Es gibt dafür Beispiele in anderen Ländern. Begründen und rechtfertigen ließe sich eine derartige Regelung dadurch, dass Arbeitnehmer mit höheren Einkommen auch in höherem Ausmaß von betrieblichen Rentensystemen profitieren und mehr freie finanzielle Kapazitäten haben, um sich an privaten Versorgungsprodukten zu bedienen. Konkretisiert werden könnte dieses Modell durch eine **Staffelung der Renten nach Kinderzahl.** Die dahinter stehende Idee ist, dass Versicherte, die für Nachkommenschaft sorgen und somit den Generationenvertrag unterstützen, ihre Einkommenseinbußen nicht mit ins Rentenalter nehmen müssen. Personen ohne Kinder, die mehr Zeit, Kraft und Energie in Beruf und Karriere investieren können, erwerben dann zwar deutlich niedrigere Renten, die sie aber aufgrund ihrer zu Erwerbszeiten höherer Einkommen mit privater Ersparnis kompensieren können.[227, 228]

---

225 Vgl. o. V.: Neue Wege – Gleiche Chancen, a. a. O., S. 209 f.

226 Vgl. Riedmüller, Barbara; Schmaleck, Ulrike: Eigenständige Alterssicherung von Frauen, Bestandsaufnahme und Handlungsbedarf, a. a. O., S. 31.

227 Vgl. Riedmüller, Barbara; Schmaleck, Ulrike: Eigenständige Alterssicherung von Frauen, Bestandsaufnahme und Handlungsbedarf, a. a. O., S. 32.

228 Vgl. o. V.: Die Zukunft der Arbeit denken, Bessere Rahmenbedingungen für mehr Beschäftigung, a. a. O., S. 17 f.

Eine **Erweiterung der Pflichtmitgliedschaft in der GRV** für Hausfrauen, Geringverdiener, ALG II-Bezieher und Selbstständige sollte angestrebt werden. Durch die allgemeine Beitragspflicht würden Versicherungslücken vermieden. Für die nicht durch Erwerbszeit abgedeckten Zeiten müssten Versorgungslösungen gefunden werden. Es kann nicht sein, dass einerseits unterschiedliche Lebensverläufe institutionell gefördert werden, aber nur der durchgängig beschäftigte Arbeitnehmer Maßstab eines Rentenanspruchs ist. Jeder sollte zumindest eigenständige Alterssicherungsansprüche in Höhe einer Grundsicherung aufbauen. Die Schweiz könnte mit ihrer Bürgerversicherung als Vorbild dienen. Es gibt Vorschläge, alle Erwerbseinkommen in die Sozialversicherungspflicht mit einzubeziehen und versicherungsfremde Leistungen (z.B. Hinterbliebenenrente, Krankenversicherung von Familienangehörigen) grundsätzlich über Steuereinnahmen zu finanzieren. Als Nebeneffekt erhofft man sich hiermit auch eine Entlastung des Faktors Arbeit, was sowohl für die Arbeitgeber als auch die Arbeitnehmer positive Anreize setzen könnte.[229, 230, 231]

Steuervorteile, wie sie z.B. durch das Ehegattensplitting entstehen sind kontraproduktiv, wenn es darum geht, Frauen zur eigenen Existenzsicherung anzuregen. In der Schweiz werden Rentenansprüche bereits während der Erwerbsphase bei Eheleuten verpflichtend zu 50 % gesplittet, so dass auch Hausfrauen einen eigenen Rentenanspruch haben, auf dem evtl. aufgebaut werden kann. Grundsätzlich sollten Frauen dazu angeregt werden, sich dem Arbeitsmarkt zur Verfügung zu stellen, auch im Hinblick auf das wertvolle Humankapital, das ihm ansonsten entzogen würde. Eine Alternative zum Ehegattensplitting könnte das **Ehegattenrealsplitting** sein. Die Ehegatten würden dabei getrennt besteuert. Ehepartner, die nichts oder wenig verdienen würden vom besser verdienenden Ehepartner einen Unterhalt in Höhe des Existenzminimums erhalten. Der Gebende dürfte diesen Transfer steuerlich geltend machen und der Nehmende müsste ihn ggf. zusammen mit dem eigenen Verdienst versteuern. Für Geringverdiener wäre dies ein Anreiz erwerbstätig zu werden oder mehr verdienen zu wollen. Die Steuermehreinnahmen, die der Staat dadurch generierte, könnten zur Familienförderung oder zum Ausbau von Kinderbetreuungsplätzen eingesetzt werden. Außerdem sollten Ehepartner **nicht länger beitragsfrei in Sozialversicherungen mitversichert** werden (z.B. Krankenversicherung). Wenn eine Ehefrau beitragsfrei bei ihrem Mann mitversichert ist, bringt es ihr bei der derzeitigen Regelung finanzielle Nachteile erwerbstätig und selbst versichert zu sein. Gäbe es diesen Vorteil nicht, dann würde die Aufnahme einer Erwerbstätigkeit auch unter

229 Vgl. Riedmüller, Barbara; Schmaleck, Ulrike: Eigenständige Alterssicherung von Frauen, Bestandsaufnahme und Handlungsbedarf, a. a. O., S. 32.
230 Vgl. o. V.: Die Zukunft der Arbeit denken, Bessere Rahmenbedingungen für mehr Beschäftigung, a. a. O., S. 17 f.
231 Vgl. o. V.: Neue Wege – Gleiche Chancen, a. a. O., S. 202.

diesem Gesichtspunkt attraktiver werden. Weiterhin stellt die Zahlung einer **Witwenrente**, ohne dass der Ehemann dafür zeit seiner Erwerbstätigkeit zusätzliche Beiträge zahlen muss, keinen Ansporn für die Ehefrau dar, selbst fürs Alter vorzusorgen.[232, 233]

Ehefrauen, die keine eigenen Rentenanwartschaften aufbauen konnten, aber auf abgeleitete Leistungen hoffen, sollten über die Höhe ihrer etwaigen Ansprüche durch regelmäßige **eigene Renteninformationen** auf dem Laufenden gehalten werden. Viele Frauen verlassen sich auf die Versorgung durch ihren Ehemann und sind sich nicht darüber bewusst, wie hoch ihre tatsächlichen Bezüge im Falles seines Versterbens wären. Durch jüngste Reformen wurden die Leistungen drastisch reduziert, was nicht unbedingt allgemein bekannt ist.[234]

Was die **abgeleiteten Ansprüche** betrifft, so sollten diese künftig nur Härtefällen vorbehalten bleiben bzw. sich daran bemessen, ob die Empfänger zumindest für das Fortbestehen der Gesellschaft gesorgt haben, d.h. Kinder großgezogen haben und daher nicht in der Lage waren für sich selbst Rentenanwartschaften zu etablieren. Abgeleitete Bezüge nur aufgrund einer Ehe werden der heutigen gesellschaftlichen Realität nicht gerecht. Die Hinterbliebenensicherung (trotz jüngster Reformen) schützt die kinderlose Ehe, benachteiligt gleichzeitig Alleinerziehende, die immerhin zur Stabilisierung des Generationenvertrages beitragen und dafür finanzielle Einbußen hinnehmen. Um hier für mehr Gerechtigkeit zu sorgen, könnten Modelle, wie sie bspw. in Schweden praktiziert werden, als Grundlage dienen. Dort werden nur noch befristete Witwenrenten gezahlt und sie sind abhängig davon, ob Kinder erzogen werden. Personen, die keine ausreichenden Rentenansprüche generieren konnten, erhalten eine **steuerfinanzierte Garantierente vom Staat.**[235]

Die vermehrte Tendenz zu Scheidungen macht diese Art der Absicherung für den Partner, der sich auf den Unterhalt des erwerbstätigen Partners verlässt, trügerisch und riskant. Die Witwenrente beruht nicht auf erbrachten Leistungen. Weder die Gemeinschaft der Versicherten (die die Leistungen erbringen muss) noch die Gemeinschaft des Staates profitiert von der Institution der Ehe. Es ist insofern der richtige Weg, dass diese Leistungen in den vergangenen Jahren reformiert und somit reduziert wurden. Richtig bleibt die Bevorzugung von Männern und Frauen, die

232 Vgl. Riedmüller, Barbara; Schmaleck, Ulrike: Eigenständige Alterssicherung von Frauen, Bestandsaufnahme und Handlungsbedarf, a. a. O., S. 32.

233 Vgl. o. V.: Die Zukunft der Arbeit denken, Bessere Rahmenbedingungen für mehr Beschäftigung, a. a. O., S. 2 f.

234 Vgl. Riedmüller, Barbara; Schmaleck, Ulrike: Eigenständige Alterssicherung von Frauen, Bestandsaufnahme und Handlungsbedarf, a. a. O., S. 32.

235 Vgl. Riedmüller, Barbara; Schmaleck, Ulrike: Eigenständige Alterssicherung von Frauen, Bestandsaufnahme und Handlungsbedarf, a. a. O., S. 32.

während einer Ehe Kinder großziehen oder Angehörige pflegen und daher dem Arbeitsmarkt nicht oder nur bedingt zur Verfügung stehen konnten. Diese Gruppe der Menschen muss sich auf die Sicherheit eines funktionierenden Sozialsystems und die Unterstützung der Allgemeinheit verlassen können, da diese von ihrer nicht-erwerbsmäßigen Arbeit profitiert.

Die spezielle Situation der wachsenden Zahl von **Alleinerziehenden** ist über rentenpolitische Maßnahmen wie der Anrechnung von drei Erziehungsjahren nicht zu lösen. Hier müssen arbeitsmarktpolitische und sozialpolitische Maßnahmen greifen, um eine Erwerbstätigkeit dieser Personen zu ermöglichen.[236]

Die Reformen bzgl. Kinderberücksichtigungszeiten der letzten Jahren wirken sich positiv erst auf Mütter von nach 1992 geborenen Kindern aus. Es müssen Ausgleiche für ältere Mütter gefunden werden. Ähnlich verhält es sich mit der im Vergleich zu Kindererziehung schlechter bewerteten **Pflegetätigkeit**. Vor allem kompensatorische Maßnahmen für Personen nützen, die im Rentenalter pflegerisch tätig werden, könnten vielen Frauen helfen, die wenig bis gar keine Rentenanwartschaften während ihrer Erwerbsphase generieren konnten.[237]

Was die **kapitalgedeckte private Absicherung** betrifft, so sind es gerade die Personen, die aufgrund ihrer niedrigen Rentenansprüche eine solche zusätzliche Absicherung am nötigsten hätten. Es handelt sich dabei aber um Niedrigverdiener, wozu viele Frauen gehören, und dieser Personenkreis ist aufgrund seines geringen Einkommens nicht in der Lage, sein Haushaltsbudget für Maßnahmen der Altersvorsorge noch mehr strapazieren. Der freie Markt kann diese Problem nicht lösen. Staatliche Förderung sollte evtl. am **Einkommen** ansetzen, dass **aufzustocken** wäre, um Mittel für Sparmaßnahmen freisetzen zu können.[238]

6.3 Arbeitsmarkt- und familienpolitisch notwendige Maßnahmen

Für eine erfolgreichere Teilhabe am Erwerbsleben und zur Erlangung höherer Einkommen bedürfen typische Frauenberufe in personenbezogenen Dienstleistungen einer Aufwertung und **besseren Entlohnung**. Der noch immer weit klaffenden Lücke zwischen männlicher und weiblicher Entlohnung muss weiterhin energisch bekämpft werden. Mädchen sollten durch entsprechende pädagogische Programme in Kindergärten und Schulen Bestärkung finden, vermehrt in männliche

---

236 Vgl. Riedmüller, Barbara; Schmaleck, Ulrike: Eigenständige Alterssicherung von Frauen, Bestandsaufnahme und Handlungsbedarf, a. a. O., S. 33.

237 Vgl. o. V.: Neue Wege – Gleiche Chancen, a. a. O., S. 202.

238 Vgl. Riedmüller, Barbara; Schmaleck, Ulrike: Eigenständige Alterssicherung von Frauen, Bestandsaufnahme und Handlungsbedarf, a. a. O., S. 32 f.

Beschäftigungsfelder mit lukrativeren Kariere- und Einkommenschancen einzudringen. Auch im Erwachsenenalter sollte die Chance gegeben sein, sich **weiter zu qualifizieren** und Abschlüsse nachzuholen, die ggf. aufgrund von Familienarbeit in jungen Jahren nicht erbracht werden konnten. Somit könnten evtl. Einkommenseinbußen durch Erwerbsbrüche ausgeglichen werden. Was die betriebliche Weiterbildung betrifft, so dürfen weibliche Beschäftigte nicht länger benachteiligt werden, damit Beschäftigung und Aufstieg gewährleistet bleiben.[239, 240]

Frauen sind vielfach aufgrund unflexibler **Arbeitszeiten** und starrer **Öffnungszeiten** von Kinderbetreuungseinrichtungen in ihrer beruflichen Mobilität stark eingeschränkt. Daher gilt es die entsprechende Infrastruktur auszubauen und Arbeitszeitstrukturen familienfreundlicher zu gestalten. Ein Umdenken der Arbeitgeber ist auch bzgl. der sich in jüngster Zeit eingebürgerten Verfügbarkeitskultur erforderlich. Zudem muss ein Umdenken bzgl. der Karriere-Optionen von Frauen stattfinden. Stereotype Rollenbilder sollten endgültig begraben werden. Damit verbunden ist auch gezieltes **Coaching** von qualifizierten Frauen – ob mit oder ohne Kinder.[241]

Entsprechend dem Recht auf Teilzeitarbeit sollte im Umkehrschluss das **Recht auf eine Vollzeitstelle** nach Beendigung der familiären Pflichten gesetzlich festgelegt werden. Gleichzeitig ist darauf zu achten, dass Anreize für lange Erwerbsunterbrechungen sowie zur Aufnahme von geringfügigen Beschäftigungen abgebaut werden.[242]

Wesentlich für eine bessere und erhöhte Beteiligung von Frauen am Erwerbsleben ist zudem eine Entlastung bei der Erfüllung häuslicher Pflichten. Dies impliziert sowohl die Bereitschaft der Männer als auch ein verändertes **Rollenverständnis** für beide Geschlechter.

6.4   Ein Plädoyer für ein weiblich-orientiertes System

Die bisherige typische Altersvorsorge für Frauen beruhte vorwiegende auf der Prämisse einer stabilen und dauerhaften Ehe. Diese Voraussetzung hatte weder in der Vergangenheit noch heute Gültigkeit. Persönliche Bindungen und ökonomische Sicherheit sollten nicht länger miteinander verwoben werden, vor allem nicht in Form staatlich geförderter Anreizsysteme (steuerlicher oder sozialpolitischer Art). Voraussetzung fairer Gleichstellung im Alter ist eine „Gleichstellungspolitik aus einem Guss"[243], d.h. die Verantwortlichen aller betreffenden Ressorts müssen kongruente,

---

239 Vgl. o. V.: Neue Wege – Gleiche Chancen, a. a. O., S. 211 f.

240 Vgl. o. V.: Neue Wege – Gleiche Chancen, a. a. O., S. 219 f.

241 Vgl. o. V.: Neue Wege – Gleiche Chancen, a. a. O., S. 214.

242 Vgl. o. V.: Neue Wege – Gleiche Chancen, a. a. O., S. 220.

243 o. V.: Neue Wege – Gleiche Chancen, a. a. O., S. 209.

stimmige Richtlinien schaffen, die einander nicht widersprechen. Bspw. müssen in die Regelungen bzgl. Unterhaltsansprüchen nach Scheidungen sowohl die jeweilige Arbeitsmarktsituation als auch die Betreuungsangebote für evtl. zu versorgende Kinder mit einfließen. Wenn, so wie bisher von Müttern erwartet wird, dass sie sich vorwiegend um das Wohlergehen ihrer Kinder kümmern sollen, dann kann von einer geschiedenen Mutter im Umkehrschluss nicht erwartet werden, nach mehrjähriger Erwerbspause sofort einen adäquaten und existenzsichernden Arbeitsplatz zur Verfügung zu haben, zumal der Arbeitsmarkt das meist nicht gar nicht hergibt.[244]

Eine zeitgemäße und trägfähige Alterssicherung sollte sich aus einem gesellschaftlichen, wirtschaftlichen und politischen Leitbild ergeben, dass sich völlig vom Alleinverdiener-Modell mit der Frau als sorgende Ehefrau und Mutter distanziert und hinwendet zu einem Lebensplan, der für beide Geschlechter einerseits Kinder und Familienarbeit und andererseits Erwerbstätigkeit und Bildung vorsieht. Das Ziel sollte eine eigenständige Existenzsicherung bereits in der aktiven Erwerbsphase und daraus resultierend im Alter sein, unabhängig von Geschlecht und Familienstatus. Eine Abkehr also von jeglicher Art der abgeleiteten Ansprüche. Lebensformen lassen sich nicht vorschreiben und ein freiheitlicher Staat darf seine Bürger nicht von der Entscheidungsfreiheit entbinden. Oftmals fehlt es jedoch an tatsächlichen Wahlmöglichkeiten, weil entweder die realen Bedingungen oder die gesellschaftliche Anerkennung fehlt – manchmal auch beides. Gleiche Verwirklichungschancen für Männer und Frauen basierend auf gesellschaftlicher Anerkennung und Wertschätzung können die Grundlage bilden für eine veränderte Erwerbs- und Sorgearbeit und somit auch für eigenständige, unabhängige Existenzen. Es sollte jedem ermöglicht werden, für sich selbst sorgen zu können – sowohl während der produktiven Phase des Lebens als auch in der Altersruhezeit.[245]

Unser derzeitiges Alterssicherungssystem ist dem typischen männlichen Lebensverlauf angepasst, wie anhand der Entstehung und Entwicklung unseres sozialen Sicherungssystem deutlich wurde. Der typische Mann ist zeit seines Lebens erwerbstätig und es wird von ihm erwartet, dass er zusätzlich Frau und Kinder ernährt, entsprechend sind Löhne und Gehälter, Kündigungsschutz, abgeleitete Ansprüche für Hinterbliebene u.ä. konzipiert.[246]

Es gibt im Grunde kein speziell auf den weiblichen Lebenszyklus abgestellte Alterssicherungssystem. Alle Modelle, Regelungen, Reformen sind lediglich Modifizierungen der männlichen Vorgaben. Man geht von einem durchgängigen,

---

244 Vgl. Kohleiss, Annelies: Sie heiratet ja doch, a. a. O., S. 9.
245 Vgl. o. V.: Neue Wege – Gleiche Chancen, a. a. O., S. 209 f.
246 Vgl. o. V.: Neue Wege – Gleiche Chancen, a. a. O., S. 26.

Erwerbsleben aus ohne Berücksichtigung längerer Unterbrechungen aufgrund von Kindererziehung oder sonstigen familiären Verpflichtungen. Man hält dieses Lebensmodell auch als Option für Frauen offen und bastelt Krücken für diejenigen, die so nicht leben, z.b. von der Erwerbstätigkeit des Ehemannes abgeleitete Ansprüche oder die Berücksichtigung von Kindererziehungszeiten bei der Rente. Grundsätzlich wirkt jedoch die Alterssicherung von Frauen als eine Ausnahme, eine Abweichung von der Norm. Warum nicht das weiblichen Lebensmuster als Norm ansehen und das männliche daran angleichen? Das würde bedeuten, anzuerkennen, dass Brüche und Vielfältigkeit Regel und nicht die Ausnahme im Leben eines jeden Menschen sind. Kindererziehung, Altenpflege, Phasen der Neuorientierung und Weiterbildung sollten als selbstverständliche Elemente im Lebensverlauf und in der Rentenberechnung Eingang finden. Männer und Frauen sollten jederzeit die Wahl haben, ihre Berufstätigkeit zu unterbrechen, um danach ganz selbstverständlich wieder einzusteigen. Wenn dies nicht als unbequeme Ausnahme, sondern als Selbstverständlichkeit angesehen würde, dann käme es sowohl im Berufsleben als auch in der Rentenberechnung gleichmäßig für alle zum Ausdruck. Solange der bequeme Weg der Arbeitsteilung durch die Geschlechter gegangen wird und man(n) sich auf die Familiensorgearbeit der Frauen verlässt, solange wird es wenig kreative Ideen zur Lösung der Problematik unbezahlter Haus- und Familienarbeit geben.

Änderungen, die gesellschaftliche Normen und Leitbilder betreffen, sind nicht von heute auf morgen umsetzbar. Eine tolerante Gesellschaft sollte auf jeden Fall respektieren und in ihre Reformen mit einbeziehen, dass es Personen gibt, die ihr Leben im Hinblick auf bestehende Institutionen und Leitbildern ausgerichtet haben. Vor allem was die Alterssicherung betrifft, denn im Nachhinein können gelebte Entscheidungen schwerlich rückgängig gemacht werden. Zudem verdienen „veraltete" Lebensentwürfe ebenso wie neue Lebensmuster gesellschaftliche Wertschätzung und Anerkennung.[247]

Ein gewachsenes und gefestigtes System zu ändern wird fraglos ein langwieriger und komplexer Prozess werden, der zwar unverzüglich in Gang gesetzt werden muss, aber bis zu zwei oder mehr Frauengenerationen brauchen wird bis sich ein neues tragfähiges und praktikables System etabliert hat.

7 Ausblick und Fazit

Es wurde gezeigt, dass aufgrund niedriger Einkommen, familienbedingter Erwerbsbrüche, schlechten Aufstiegschancen, prekären Arbeitsverhältnissen und

---

247 Vgl. o. V.: Neue Wege – Gleiche Chancen, a. a. O., S. 210.

Teilzeitbeschäftigung Frauen eine nur unzureichende Altersvorsorge aufbauen können. Abgeleitete Ansprüche sind künftig nicht mehr existenzsichernd. Drohende weibliche Altersarmut ist nur mit Hilfe arbeitsmarkt- und familienpolitischer Instrumente abwendbar. Ohne entsprechende Maßnahmen werden Leistungen der Grundsicherung den Staatshaushalt künftig extrem belasten. Stückelwerk an den Regelungen der GRV ist nicht Heilung, nur Symptomkontrolle.

Die Gesetzliche Rentenversicherung ist nach wie vor die wichtigste Form der Altersvorsorge in Deutschland und trotz ihrer Mängel speziell für weibliche Lebensverläufe vorerst nicht substituierbar durch andere Formen der Alterssicherung. Was die betriebliche Altersversorgung betrifft, so können nur Personen profitieren, die in keiner prekären Erwerbssituation stehen. Viele Frauen sind aber heute gerade in diesen Arbeitsverhältnissen zu Hause. Die private Altersversorgung verliert durch die Turbulenzen auf dem Finanzmarkt an Verlässlichkeit und Rentierlichkeit und steht auch nur denjenigen offen, die über ein ausreichend hohes Einkommen verfügen, um davon abzweigen zu können. Höhere Beiträge zur Rentenversicherung werden z.Zt. von der Politik vermieden, damit genügend Einkommen für private Absicherung verbleibt. Warum? Kann die private Vorsorge wirklich mehr leisten als eine höhere gesetzliche Rente? Steigende Inflationsrate und Niedrig-Zinspolitik könnten die Erwartungen der Anleger enttäuschen.

Der Nachteil der GRV für Frauen ist die enge Abhängigkeit an einem kontinuierlichen Erwerbsleben ohne längere Brüche, orientiert an einer Erwerbsbiografie wie sie in erster Linie der männliche Arbeitnehmer aufweist, der entweder kinderlos ist oder die Betreuung seiner Frau überlässt. Dennoch berücksichtigt sie am ehesten Leistungen in der Kindererziehung. Eine moderne Volkswirtschaft kann nicht ohne nachwachsende Generation funktionieren. Die Leistung der Mütter/Eltern ist von herausragender Bedeutung für die Allgemeinheit. Kinder großzuziehen entzieht jedoch den Betreffenden Zeit und finanzielle Mittel, die Kinderlose auf andere Art investieren können. Die Produktivität der erwachsenen Kinder kommt aber allen Mitgliedern der Gesellschaft zugute. Es ist deshalb in keiner Weise zu rechtfertigen, dass Personen, die diese elementare Aufgabe erfüllen, in der Altersversorgung benachteiligt werden.

Die Crux liegt in der Erwerbsbezogenheit der GRV und das Erwerbsleben ist seit Jahrhunderten eine Männerdomäne, die gegen weibliche Eindringlinge mehr oder weniger erfolgreich verteidigt wird. Ein weiblich-orientiertes Modell würde diskontinuierliche Erwerbsverläufe nicht als Anormalität, sondern als Regel anerkennen. Kinder großzuziehen würde den Ablauf nicht stören, sondern wäre die Norm – für alle: Mann und Frau. Die gesellschaftlichen Rahmenbedingungen würden sich grundlegend ändern, wenn es für **jeden Menschen** selbstverständlich wäre, zu bestimmten Zeiten dem Arbeitsmarkt nur bedingt zur Verfügung zu stehen. War es ein Problem, dass junge Männer für die Grundausbildung der Bundeswehr mehrere Monate der Wirtschaft nicht zur Verfügung standen? Warum also nicht statt Dienst an der Waffe Dienst für die Familie als obligatorische Auszeit für alle? Personen, die keine Familie gründen wollen oder können, könnten Ersatz leisten, z.B. finanzieller Art. Wenn es alle Mitglieder einer Gesellschaft betrifft und nicht nur weibliche Belange sind, dann werden auch alle kreativ nach Lösungen suchen.

Zunächst sollte jedoch das Augenmerk auf die Integration der Frauen in den Arbeitsmarkt liegen. Eine besonderer Schutz und Fürsorge für Mütter findet sich im heutigen Arbeitsleben und im derzeitigen Rentensystem nur bedingt in Form von Gesetzen. Faktisch müssen Mütter nach wie vor eklatante Benachteiligungen hinnehmen. Es kann leider noch nicht die Rede davon sein, dass Personen mit hochrangiger Entscheidungsbefugnis, Frauen, insbesondere solche mit Kindern, gleichermaßen fördern und befördern wie männliche Kollegen.

61 Seiten, um sich von der Illusion einer „Guten alten Zeit" und der Ehe als Himmelreich für Frauen (zumindest alterssicherungstechnisch) zu verabschieden. Aber auch 61 Seiten, um zu erkennen, dass es deutliche Verbesserungen gegeben hat und die Weichen gestellt sind für weitere Optimierungen. Junge Frauen sind heute aufgrund ihres gewachsenen Selbstvertrauens und der Fülle der ihnen zur Verfügung stehenden (Aus-)Bildungsmöglichkeiten stark und klug genug, um sich nicht mehr aus eroberten Positionen verdrängen zu lassen. Der demografische Wandel, der zwar die Problematik der vielen Alten und der wenigen Jungen mit sich bringt, inkludiert Chancen für Frauen, denn sie werden gebraucht werden. Man wird sich bemühen (müssen), ihren Bedürfnissen nach Kinderbetreuung, familienfreundlicher Arbeitszeitgestaltung u.ä. nachzukommen. Haben sich Notwendigkeit und Verhaltensweisen in der Wirtschaft verfestigt, wird auch die Gesellschaft ihr Rollenverständnis neu definieren. Eine Frau, die ihre Lebensaufgabe nicht mehr nur in Kinderaufzucht sieht, wird das Etikett „Rabenmutter" nicht mehr tragen müssen, sie ist dann die Regel, nicht die Ausnahme.

Es ist zu hoffen, dass auch Männer beginnen, an den weiblichen Lebensweisen und Lebensentwürfen Gefallen zu finden und eine Angleichung von dieser Seite stattfindet. Heute wird von einer Frau zumeist erwartet, sich Verhaltensweisen von Männer anzueignen um erfolgreich zu sein. Vielleicht wird in Zukunft Männern empfohlen, den weiblichen, also den Weg der vielfältigeren Lebensweisen und Optionen zu gehen?

Die Herausforderung der kommenden Jahre wird darin bestehen, Frauen zu ermutigen, weniger unbezahlte und mehr bezahlte Arbeit zu leisten und Männer dazu zu bringen, weniger bezahlte Arbeit und mehr unbezahlte Sorge- und Familienarbeit zu leisten. Die Zeitverwendungsbudgets der Geschlechter müssen sich einander nähern bzw. als

Optimum einander gleichen. M. Cskszentmihalyi schreibt in seinem Buch „Flow – Das Geheimnis des Glücks", dass es für eine Gemeinschaft nicht genügt, dass sie technologisch auf einer hohen Stufe steht und materiellen Wohlstand für die Mitglieder erschafft, sondern dass es von noch größerer Bedeutung ist, dass sich den Menschen eine Chance bietet, möglichst viele Aspekte ihres Lebens zu leben und Potential zur Bewältigung von Herausforderungen zu entwickeln.[248]

248 Vgl. Csikszentmihalyi, Mihaly: Flow – Das Geheimnis des Glücks, 15. Aufl., Stuttgart, J. G. Cotta'sche Buchhandlung 2010, S. 250.

Literaturverzeichnis

1. **Allmendinger, Jutta:** Wandel von Erwerbs- und Lebensverläufen und die Ungleichheit zwischen den Geschlechtern im Alterseinkommen, in: Alterssicherung von Frauen, Hrsg.: Schmähl, Winfried; Michaelis, Klaus, Wiesbaden: Westdeutscher Verlag 2000.

2. **Anderson, Bonnie S.; Zinsser, Judith P.:** Eine eigene Geschichte; Frauen in Europa, 1: Frühgeschichte bis 18. Jahrhundert, Band 1 Frankfurt am Main: Fischer Taschenbuch 1995.

3. **Anderson, Bonnie S.; Zinsser, Judith P.:** Eine eigene Geschichte; Frauen in Europa, Vom Absolutismus zur Gegenwart, Band 2, Frankfurt am Main: Fischer Taschenbuch 1995.

4. **Bartling, Hartwig; Luzius, Franz:** Grundzüge der Volkswirtschaftslehre; 16. verbesserte und ergänzte Aufl., München: Franz Vahlen Verlag 2008.

5. **Baßeler, Ulrich; Heinrich, Jürgen: Utecht, Burkhard:** Grundlagen und Probleme der Volkswirtschaft, 18. überarbeitete Aufl., Stuttgart: Schäffer-Poeschel Verlag 2006.

6. **Brinck, Christine:** Job, Kind, Haus, und du bist raus, in: Süddeutsche Zeitung, Nr. 59, 12./13.03 2011.

7. **Csikszentmihalyi, Mihaly:** Flow – Das Geheimnis des Glücks, 15. Aufl., Stuttgart, J. G. Cotta'sche Buchhandlung 2010.

8. **Dobner, Petra:** Neue Soziale Frage und Sozialpolitik, 1. Aufl., Wiesbaden: VS Verlage für Sozialwissenschaften 2007.

9. **Engeser, Manfred:** Umgekehrte Diskriminierung- Interview mit Manfred Gentz, in: WirtschaftsWoche, Nr. 14, 04.04.2011.

10. **Grabka, Markus M.; Frick, Joachim R.:** Weiterhin hohes Armutsrisiko in Deutschland: Kinder und junge Erwachsene sind besonders betroffen, Online im Internet: http://www.diw.de/documents/publikationen/73/diw_01.c.347307.de/10-7-1.pdf, 02.09.2011.

11. **Gründinger, Wolfgang:** Wir haben ein Luxusproblem – Demografischer Wandel, eine Podiumsdiskussion aus der Reihe „Literatur und Wirtschaft" der Unternehmensberatung Roland Berger, in: WirtschaftsWoche Nr. 41 vom 10.10.2011.

12. **Häring, Norbert:** Markt und Macht – Was Sie schon immer über die Wirtschaft wissen wollten, aber bisher nicht erfahren sollten, Stuttgart: Schäffer-Poeschel 2010.

13. **Heilmann, Dirk; Schrinner, Axel:** Staatsverschuldung - Die unbequeme Wahrheit, Sonderbeilage Handelsblatt, 23./24.09.2011, Nr. 185.

14. **Hoyer, Niklas:** Stattliche Rente oder staatliche Ente? in: WirtschaftsWoche, Nr. 42, 17.10.2011.

15. **Kohleiss, Annelies:** Sie heiratet ja doch – Ehe und soziale Sicherheit der Frau gestern – heute und morgen, Freiburg im Breisgau: Verlag Herder 1983.

16. **Kreienkamp, Eva; Frisch, Gerda, Gabrysch, Julia:** Frauen und ihre Altersvorsorge – Auswirkungen der ökonomischen Emanzipation auf Finanzstatus und –verhalten von Frauen, Hrsg.: Deutsches Institut für Alterssicherung, Köln: Eigenverlag des Hrsg. 2010.

17. **Lampert, Heinz; Althammer, Jörg:** Lehrbuch der Sozialpolitik, 8., überarbeitete und vollständig aktualisierte Aufl., Berlin; Heidelberg; New York: Springer Verlag 2007.

18. **Maier, Friederike:** Empirische Befunde zur Arbeitsmarktsituation von Frauen, in: Alterssicherung von Frauen, Hrsg.: Schmähl, Winfried; Michaelis, Klaus, Wiesbaden: Westdeutscher Verlag 2000.

19. **Mankiw, N. Gregory; Taylor, Mark P.:** Grundzüge der Volkswirtschaftlehre, 4. überarbeitete und erweiterte Aufl., Stuttgart: Schäffer-Poeschel Verlag 2008.

20. **Nohn, Corinna:** Überforderte Doppelverdiener, in: Süddeutsche Zeitung, Nr. 210, 12.09 2011.

21. **Öchsner, Thomas:** Schöner wohnen, länger leben – Statistiker ermitteln, wie sich das Leben der Deutschen in den vergangenen 60 Jahren ziemlich verändert hat, in: Süddeutsche Zeitung Nr. 230/06.10.2011.

22. **o.V.:** Angst vor Altersarmut, Süddeutsche Zeitung, Nr. 229 vom 05.10.2011.

23. **o. V.:** Bericht der Bundesregierung über die gesetzliche Rentenversicherung, insbesondere über die Entwicklung der Einnahmen und Ausgaben, der Nachhaltigkeitsrücklage sowie des jeweils erforderlichen Beitragssatzes in den künftigen 15 Kalenderjahren gemäß § 154 Abs. 1 und 3 SGB VI (Rentenversicherungsbericht 2010), Online im Internet: http//www.bmas.de/SharedDocs/Downloads/DE/rentenversicherungsbericht-2010.pdf?_blob=publicationFile, 04.08.2011.

24. **o. V.:** Bericht der Kommission an den Rat, das Europäische Parlament, den Europäischen Wirtschafts- und Sozialausschuss und den Ausschuss der Regionen, Gleichstellung von Frauen und Männern – 2010, Online im Internet: http://eur-lex.europa.eu/LexUriServ/LexUriServ.do?uri=COM:2009:0694:FIN:DE:PDF, 04.08.2011.

25. **o. V.:** Deutsche Rentenversicherung Bund (Hrsg.): Das Renten-ABC, Nr. 108, 3. Aufl., Berlin, (3/2010).

26. **o. V.:** Deutsche Rentenversicherung Bund (Hrsg.): Die Grundsicherung: Hilfe für Rentner, Nr. 102, 5. Aufl. , Berlin (7/2010).

27. **o. V.:** Deutsche Rentenversicherung Bund (Hrsg.): Die richtige Altersrente für Sie, Nr. 200, 4. Aufl., Berlin (4/2009).

28. **o. V.:** Deutsche Rentenversicherung Bund (Hrsg.): Die Renteninformation – mehr wissen, Nr. 104, 7. Aufl., Berlin (2/2011).

29. **o. V.:** Deutsche Rentenversicherung Bund (Hrsg.): Die Rentenversicherung – verlässlicher Partner von Anfang an, Nr. 100, 6. Aufl., Berlin (2/2011).

30. **o. V.:** Deutsche Rentenversicherung Bund (Hrsg.): Geschiedene: Ausgleich bei der Rente, Nr. 401, 5. Aufl., Berlin (9/2010).

31. **o. V.:** Deutsche Rentenversicherung Bund (Hrsg.): Hinterbliebenenrente: Hilfe in schweren Zeiten, Nr. 202, 4. Aufl., Berlin (7/2009).

32. **o. V.**: Deutsche Rentenversicherung Bund (Hrsg.): Kindererziehung: Ihr Plus für die Rente,Nr. 402, 6. Aufl., Berlin (3/2011).

33. **o. V.**: Deutsche Rentenversicherung Bund (Hrsg.): Rente: Jeder Monat zählt, Nr. 407, 5. Aufl., Berlin (1/2010).

34. **o. V.**: Deutsche Rentenversicherung Bund (Hrsg.): Rente: So wird sie berechnet – alte Bundesländer, Nr. 204, 9. Aufl., Berlin (1/2011).

35. **o. V.**: Deutsche Rentenversicherung Bund (Hrsg.): SGB VI – Gesetzliche Rentenversicherung, Texte und Erläuterungen, 15. Aufl., Berlin: 1/2011.

36. **o. V.**: Die Zukunft der Arbeit denken, Online im Internet: http://ftp.iza.org/compacts/iza_compact_de_12.pdf, 10.08.2011.

37. **o. V.**: Neue Wege – Gleiche Chancen, Online im Internet http://www.fraunhofer.de/content/dam/zv/de/documents/Sachverstaendigengutach ten_1.Gleichstellungsbericht_Bundesregierung_tcm7-78851.pdf, 10.08.2011.

38. **o.V.**: Pressemitteilung Nr. 282; Tarifverdienste im April 2011, Online im Internet: http://www.destatis.de/jetspeed/portal/cms/Sites/destatis/Internet/DE/Presse/pm/2 011/07/PD11__282__622,templateId=renderPrint.psml, 26.09.2011.

39. **o.V.**: Sozialbudget 2010, Online im Internet: http://www.bmas.de/SharedDocs/Downloads/DE/PDF-Publikationen/a230-10-sozialbudget-2010.pdf;jsessionid=7BE86B4E7101F33CE48FF050E5374D92?__blob=publicati onFile, 10.08.2011.

40. **Riedmüller, Barbara; Schmaleck, Ulrike:** Eigenständige Alterssicherung von Frauen – Bestandsaufnahme und Handlungsbedarf, Expertise im Auftrag der Friedrich-Ebert-Stiftung, Online im Internet: http://library.fes.de/pdf-files/wiso/07970.pdf, 17.08. 2011.

41. **Riedmüller, Barbara:** Frauen- und familienpolitische Leitbilder im deutschen Alterssicherungssystem, in: Alterssicherung von Frauen, Hrsg.: Schmähl; Winfried; Michaelis, Klaus, Wiesbaden: Westdeutscher Verlag 2000.

42. **Schmähl, Winfried:** Soziale Sicherung: Ökonomische Analysen, 1. Aufl., Wiesbaden: VS Verlag für Sozialwissenschaften 2009.

43. **Sinn, Hans-Werner im Gespräch mit Heilmann, Dirk:** „Es kommen große Lasten auf Deutschland zu", in: Handelsblatt Nr. 185, 23./24.09.2011.

44. **Stolleis, Michael:** Das Maschinenhaus des Sozialstaats: Frankfurter Allgemeine Zeitung, 14.07.2011.

45. **Strauß, Susanne; Ebert, Andreas:** Langfristige Konsequenzen von Erwerbsunterbrechungen auf das Lebenseinkommen – bildungs- und geschlechtsspezifische Unterschiede, Online im Internet: forschung.deutsche-rentenversicherung.de: band_55_2010_strauss_ebert.pdf., 30.09.2011.

46. **Zimmermann, Klaus:** Neues Bewusstsein, in: WirtschaftsWoche, Nr. 36, 16.09.2010.